自己覚醒への
マスター・キー

シュリー・シッダラメシュヴァール・マハラジ 著　髙木悠鼓 訳

ナチュラルスピリット

Master Key to Self-Realization

by Shri Siddharameshwar Maharaj

（献辞）

本書を、シュリー・シッダラメシュヴァール・マハラジ、シュリー・ランジット・マハラジ、そしてシュリー・ニサルガダッタ・マハラジと、彼らの帰依者たちに捧げます。彼ら帰依者たちが、彼らの帰依という甘美な献身を捧げてくれたおかげで、本書が実現しました。

序文

本書の中で、読者は、「自己知」と究極的現実の覚醒に関して、シッダラメシュヴァール・マハラジが体系的に教えた形で、自己覚醒へのマスター・キーを見つけることでしょう。本書に含まれる教えは、シュリー・シッダラメシュヴァール・マハラジが用いた明確で直接的な言葉を反映し、またそれは時代を超えて受け継がれてきたアドヴァイタ・ヴェーダーンタの教えを表現するためにも同様に使われてきました。本書に含まれているスピリチュアルな教えは、ランジット・マハラジ（1913～2000）とシュリー・ニサルガダッタ・マハラジ（1897～1981）のアドヴァイタの教えを理解するための基礎となるものです。またとりわけ、シュリー・ラマナ・マハルシ（南インドの聖人。1879～1950）、シュリー・アディ・シャンカラチャリヤ（不二一元論のヴェーダーンタ哲学を唱えたインドの哲学者。700～750）、シュリー・サマールタ・ラムダス（ヒンドゥー教の哲学者、詩人、作家、スピリチュアル・マスター。1608～1682）のような他の偉大なマスターたちの教えとも一致しています。

序文

シュリー・シッダラメシュヴァール・マハラジには、多くの自己覚醒した弟子たちがいました。本書は元々、シッダラメシュヴァール・マハラジの著名な高弟であるシュリー・ダッタトレイ・ダルマヤヤ・ポレディィ氏によってマラーティー語で書かれたものです。何人かの弟子たちからの謙虚な要請を受けて、マハラジは自己覚醒のための簡略化された教えを求道者たちの恩恵のために語りました。そして、それが話されている最中にポレディィ氏がそれを書き留めたのです。それが完成すると、マハラジはその正確さにお墨付きを与え、「よい仕事をした」とポレディィ氏をねぎらいました。この本のマラーティー語の初版は『アドビャートマ・ジニャーナチ・グルキリ』と呼ばれ、シュリー・ランジット・マハラジとシュリー・ニサルガダッタ・マハラジの兄弟弟子であるカンヌール（南インドの地名）にいるシュリー・ガナパトラオによって出版されました。その内容は、シッダラメシュヴァール・マハラジの弟子たちによって徹底的に研究されました。それから長年ののちに、シュリー・ランジット・マハラジがガナパトラオ・マハラジから口頭で許可を得て、このテキストを英語に翻訳させました。ランジット・マハラジはダミヤンティ・ドゥンガジ博士夫人に翻訳を任せ、完成した英訳は校正され、その後、ランジット・マハラジによって出版されました。初版の英語版が売り切れると、そのオリジナルの英文テキストが「アムルト・ラヤ」というタイトルのシッダラメシュヴァール・マハラジの講演集に組み込まれました。さらに最近では、シュリー・ニサルガダッタ・マハラジによる『マスター・オブ・セルフ・リアリゼーション』という本に収録されました。

シュリー・シッダラメシュヴァール・マハラジは、シュリー・バウセヘブ・マハラジ（インドのインチェギリ・サンプラダヤ派の創始者。1843〜1914）の弟子であり、シュリー・バウセヘブ・マハラジは覚醒への手段として、主に瞑想の道を説きました。シッダラメシュヴァール・マハラジはスピリチュアルな修行の間、多くの時間を瞑想の実践に費やし、また一七世紀の著名なマハーラーシュトラの聖人（『ダースボド』（"Dasbodh"）と『マナチェ・シュロク』の著者）であるシュリー・サマールタ・ラムダス、アディ・シャンカラチャリヤ、ヴァルミキ（インドの伝説上の詩人）、ヴァシシュタ（古代インドの哲学者、賢者）、カビール（インドの神秘主義的詩人、聖人。1398〜1518）、トゥカラム（17世紀インドのマハーラーシュトラ州の聖人）、エクナート（ヒンドゥー教の聖人、哲学者。『エクナティ・バグワット』の著者1533〜1599）などの偉大な聖人たちの教えを黙想しました。彼の師、シュリー・バウセヘブ・マハラジが1914年に亡くなったあとも、シッダラメシュヴァール・マハラジは師の教えを瞑想し続けました。1918年、彼は世俗を捨てて、師の教えを広めるために四人の兄弟弟子に合流しました。1920年、師の教えを広める旅をしていたときに、彼は次のような考えを思いついたのです。「覚醒するための方法として、人は長年の瞑想修行の道を超えることができ、瞑想は究極的現実に到達するための初期段階である」。彼の兄弟弟子たちは、「師であるシュリー・バウセヘブ・マハラジはそんなことを自分たちに伝えてはいない」と言い、シュリー・シッダラメシュヴァール・マハラジに反論しました。彼は彼らに同意し、「わかった！　でも、人はそれを超えることはできないのだろうか？」と言い、他の弟子たちのもとを去り、ビジャープル（インドのカルナータカ州の街）の自宅に戻りました。ビジャープル滞在中、彼は九ヵ月の間、休みなく瞑想を続けました。師が教えたのは瞑想だけだったので、長い苦難の瞑想なしに、最終的な現実に到達する方法を見いだす手段がなかったのです。彼は言いました。「私は自分の命をかけて、究極的現実に到達しよう」。そして、師シュリー・バウセヘブ・マハラジの恩寵によって、彼は究極的現実の覚醒に到達したのです。

覚醒後、シュリー・シッダラメシュヴァール・マハラジは次のように教え始めました。「しばしば『蟻の道』と呼ばれる長い苦行的瞑想の道に加えて、人は、『鳥の道』と呼ばれる方法を通じて、究極的現実に非常に早く到達できる。それは、自分の本質を考察し調査することと（ヴィチャーラ）と合わせて、論理的考察（ヴィヴェーカ）を活用しながら、サッドグルの教えに耳を傾けることである」。これは覚醒へのもっとも直接的な道なのです。彼は、「考えることを通じて、無知が自分の意識にしっかりと定着するが、また考えることによって、無知を完全に払拭することもできる」と言いました。それをどうやってやるのかという方法については、本書の内容の中で徹底的に説明されています。実に、生きている間にこれらの教えに出会う者は、本当に幸運です。これらのページにあるのは、至高の自己、パラマートマンの声なのです。これらの言葉を読む者が、その人自身の真我であるサッドグルの恩寵によって、このテキストの助けを借り、究極的現実の覚醒を得ることができますように。

ジャイ・サッドグル・パラブラフマン

自己覚醒へのマスター・キー　目次

第1章

THE IMPORTANCE
OF
SELF-KNOWLEDGE

「自己知」の重要性

この解説の冒頭では、まずシュリー・ガネーシャ（ヒンドゥー教の神々の中でもっとも崇拝されている神。芸術、科学の保護者であり、知性と知恵を司る神）に、次にシュリー・サラスワティ（知識と知恵と学問、音楽、豊かさと富を司るヒンドゥー教の女神）に、そして最後に、シュリー・サッドグル（「真のグル」を意味するサンスクリット語）に崇拝を捧げます。このような順番で崇拝を捧げる理由は何でしょうか？「もしこの崇拝の順番を変えたら、混乱するのでしょうか？」と訊かれたら、「はい、混乱します」と答えなければなりません。なぜなら、シュリー・ガネーシャは瞑想と黙想のための神であり、シュリー・サラスワティは言葉によって教えを解説するための神だからです。この二つの神々の力を借りて、「自己（真我）の光」という形の神が、求道者の心の中に生まれるのです。それがサッドグルに他なりません。したがって、サッドグルは必然的にシュリー・ガネーシャ、シュリー・サラスワティのあとで崇拝されなければならないのです。対象への理解が深まったとき初めて、「サッドグルの恩寵」が降りてくるのです。この文章の解説も、この文章の内容を熟考することも、それだけでは求道者を目標に導くことはできません。したがって、人はシュリー・ガネーシャとシュリー・サラスワティの両方を恭しく崇拝すべきなのです。

この伝統（サンプラダヤ）では、このテキストの主題を求道者に提示する際に、一般的におこなわれているヴェーダーンタの教えを説く古代の方法があります。この方法によるとまず、顕現したサッドグルの姿を目で見ます。それから、ヴェーダーンタの教えに関する知識、これらの貴重な教えの価値と意義を、グルの言葉を通して讃えるのです。そして、マントラ（神の霊妙な名前、語句）が与えられ、短い間（通常数カ月間）そのマントラについて繰り返し瞑想を実践し、その意味を内面に刻み込むよう指示されます。この方法によって、求道者はマインドをより繊細にし、このあとに続く教えをより簡単に把握し、実現することができるようになります。これは、求道者が教えを受けるためのイニシエーション（入門儀式）であり、覚醒への道を歩む求道者となるための招待状です。

今まで述べてきた聖人の方法に従って、サッドグルはまず、このあとに続く主題について説明し、その特徴を示し、最後にそのテーマに関する詳細な知識を伝授します。多くの教育機関では、小さな子供に何かを教えるとき、教師はまず口頭でその教科の内容を伝えます。これは「幼稚園の教育方法」と呼ばれています。同じようにサッドグルは、まず口頭であなたに現実に関する概念、たとえば、「あなたは神である」とか、「ブラフマンだけが存在する」とか、その他似たようなマントラなどを与えます。それらは熟考される必要があり、繰り返し唱えられることで、この考え方が心に刻まれます。これは、「サッドグルの伝統（サンプラダヤ）」と呼ばれています。この予備的な方法によって、求道者はより早く結果を得ることができます。まさにそうあってほしいものです。

そのあと、グルは真理（主題）を普通の知的な求道者に詳細に解説し、そしてその求道者はサッドグルが伝えること、そしてサッドグルが教えている「それ」について理解します。しかし、知的に理解したことを体験的に理解することは難しいことです。サッドグルによる主題の説明を通じて、人は「自己（アートマン）」が何であるかを理解します。しかし、「どうして私が『自己』であるのか？」というような形態で、求道者のマインドに疑いの影が湧きあがり、求道者のマインドは疑いから解放されません。知的な理解はあっても、覚醒がないのです。その解決策は、決意を持って学習し、教えを学ぶことです。継続的な学習がなければ、充分に理解し覚醒することはできません。たとえば、ペン字の指導書に提示されている文字はとても美しいものです。それを理解しても、最初は同じように書くことができません。しかし、同じ文字を繰り返し書くと、その練習や勉強の成果として、ペンが紙に触れた瞬間に美しい文字ができあがります。ここで、「どれくらいの勉強や練習が必要でしょうか？」と、尋ねる人がいるかもしれません。答えは、「勉強や練習、あるいは努力は、それぞれの能力に応じて、理解し、覚醒するまで絶え間なく続けなければならない」ということです。

ここで一般的な例を挙げて、繰り返し勉強することの大切さを求道者のマインドに印象づけることができます。普通の知的な人なら、二、三回説明されれば、その説明されたことを理解することができます。一〇〇回、二〇〇回と繰り返せば、それは習慣になります。百回繰り返せば、それは中毒のようになります。千回繰り返せば、練習している人にとってそれは固有の自然になります。ジュートという植物の繊維を見ると、とても繊細で細かいので、風に吹かれると、四方八方に散らばってしまいます。しかし、同じ繊維が絡み合ってロープになると、その強さは強大なものになり、どんなに強く凶暴な象でも、小さなくいに縛り付けることができます。同様に、この種の練習を繰り返すパワーも大きいものです。確かにパラブラフマンはすべてを貫くものであり、永遠に自由です。しかし、風という形態のマインドは、何世にもわたって間違った練習と学習によって非常に強大になってしまい、永遠に自由なブラフマンを、体との一体化という思考の中に閉じ込めてしまいました。練習を繰り返すことの巨大な結果について、聖人トゥカラムはこう言っています。「達成不可能なものでも、研究と練習を繰り返すことによってのみ達成可能になる」。求道者はこの学習の重要性を認識し、ガネーシャとサラスワティに象徴される原理を崇拝しなければなりません。つまり、瞑想を続けることで自分を満たし、真理の説法を繰り返し聞いて学ぶことです。

さて、この研究を始める前に、求道者はこのテーマに関連する多くのことを知ることが望ましいでしょう。なぜ人間の中に、「私は肉体である」という幻想が生まれたのでしょうか？　生まれたとき、人間はどのような状態だったのでしょうか？　どのように「私」、「私のもの」という概念が生まれたのでしょうか？　この世界での人間の状態は、恐怖から解放されているでしょうか？　もしそういう人がいれば、その人は誰によって、どのような助けを得て、その恐怖を取り除くことができたのでしょうか？　これらすべてを考慮しなければいけません。

まず、人間は母親の子宮の中の小さな空間で、ねじれた状態で横たわっていました。生まれたとき、赤ん坊はこの広大な世界にやって来て、そしてわずかに目を開き、周囲を見渡しました。それから、巨大な空間と圧倒的な光を見て、目をそらし、ショックを受けたのです。「私が一人でやって来たのは、いったいどこなのだろうか？　誰が自分を支えてくれるのだろうか？　自分の運命はどうなるのだろうか？」と。このような恐怖が、赤ん坊の心の中に生まれたのです。生まれた直後、最初の衝撃で赤ん坊は泣き出しました。しばらくすると、ハチミツを一滴、舐めさせてもらい、これで安心しました（訳注：20世紀前半のインドの一部の地域や文化では、赤ん坊にハチミツを与える習慣が見られたが、現代では推奨されていない）。「すべてはうまくいき、自分は誰かに支えられているんだ」と思い、自分を慰めることができたのです。しかし、最初の恐怖の衝撃がマインドに染み付いていたため、ほんの小さな音にも驚いてしまい、またハチミツやお母さんのおっぱいをもらうと、おとなしくなる、という具合でした。このように、一歩一歩、外からの支援を受けながら、人間は両親の支援に依存するようになったのです。成長するにつれて、両親や幼い頃世話になった人たちから、世界についての知識を与えられるようになりました。そのあとは、学校の先生が、地理、幾何学、地質学など、様々な学科を教えてくれましたが、塵芥《じんかい》のように無価値なものでした。

青春時代になると、また自分の人生を支えてくれる新たな支柱を探すことになります。人生の支えはお金や妻などであると世間では決まっているので、人は富を集め、妻を持つようになります。彼はこの世俗的な支えだけで、自分が維持されることを当然と思い込み、そして人生を浪費します。名声、学問、権力、権威、富、妻を得ることで、さらに豊かな生活を手に入れ、ますます世俗に巻き込まれていきます。妻、富、地位、若さ、美しさ、権威が彼の主要な財産であり、彼のすべての支えになります。これらすべてを特別に誇りに思い、世俗に酔いしれながら、人間は自分の「本質」を見失うのです。お金にまつわるプライド、権威にまつわるプライド、美にまつわるプライドが人間を吸収し、彼は自分の本質を忘れてしまうのです。やがて、今述べたような財産は一つずつ減っていきます。自然の法則に従って、これらの財産が減少していくとき、生まれたときに受けた衝撃の記憶が、その人を根底から揺さぶり、彼は苛立ちを覚えるのです。「どうしたらいいのだろうか？　私はあらゆる支柱を失いつつある。私はどうなってしまうのだろうか？」と。しかし、この無知な男は、これらすべての財産が、ただ一つの強固な支えを持っていることを理解していません。それは、自分自身の存在、つまり、「私は在る」（"I Am"）という感覚です。その支えがあったからこそ、お金に価値があり、妻が魅力的に見え、受けた名誉が価値あるものに思え、学問が知恵を与え、その姿は美しさを獲得し、彼の権威は力を振るったわけです。ああ、哀れな人よ、あなた自身が今述べたような富を支えているのです！　富があなたを支えていたと感じること、これほどの逆説があるでしょうか？　この富、権力、女、若さ、形の美しさ、名誉に加えて、人がさらに不正な財産を手に入れるとしたら、人の行動はなんと奇妙で倒錯したものになるでしょうか？

ある詩人が、人間のマインドの悪ふざけについてこう書いたことがあります。「人間は、主にサルであり、その上、酔っ払って、その上、蠍《さそり》に噛まれる」と。そのような詩人であれば、人間の滑稽な不条理を見て、筆を置き、自分の詩の才能に別れを告げることでしょう。

自分の体を神と見なして、昼も夜もその崇拝に没頭しているような人間は、靴職人のようなものだと見なされるべきです。こんなふさわしい諺《ことわざ》があります。「チャンバー神は靴でのみ拝むものである」（マラーティー語でチャンバーとは、「動物の皮を背負った人」という意味）。この諺は、このような人間の「神」（肉体）がどのように崇拝されなければならないかを物語っています。無神論者の献身は肉体を養うことであり、その解放は肉体の死です。人生の究極の目標が、肉体を養うことであり、解放が死であるような人間にとっては、肉体を養うことが人生の最終目標であり、「グロス・ボディ」のレベルを超えることはできません。このような人の場合、これは当然のことです。もし不幸にして全財産を失ったとしても、その人は借金してまで飲食や享楽の習慣にふけるものです。債権者に追いまわされても、自己破産を宣言して、その場をしのぐでしょう。死が彼を襲うとき、結局、その人はただ死んでしまうのです。来たときと同じように逝ってしまうのです。このような人生以上に悲惨でみじめなものがありえるでしょうか？

素敵な鼻輪をプレゼントしてくれたことで夫を褒め称える女性は、鼻輪を付ける鼻を与えてくださった主のことを考えるべきではないでしょうか？　同じように、肉体を人生の「すべて」であり、「終わり」としてしか見ない動物的人間が、どうして神を見ることができるでしょうか？　太陽を太陽として存在させ、月を月として存在させ、神々を神々として存在させているのは、全知全能の神なのです。それはすべての人のハートの中に存在し、すべての人の支えですが、人間の目には見えない存在になりました。外界に目を向けている人は、外界にあるものしか見ません。「aksha」とは、マラーティー語で「目」の同義語です。Aはアルファベットの最初の文字で、「ksha」は最後の子音の一つです。つまり、目が見るものはすべて、この二つのアルファベットの範囲内にあるのです。それは外界の物事に関する情報や知識をもたらすだけです。粗雑な物事は粗雑な目によって視覚化され、繊細なものは繊細な感覚によって感じられます。しかし、マラーティー語で、「ksha」のあとに来るアルファベットの1文字が「gnya」です。この「gnya」という文字は、次のような「知」を示し、それは外側の粗雑な肉眼でも、知性の微細な目でも見ることができない「知」を表します。したがって、知性と感覚を合わせて「目」を表し、それは「aksha」の同義語です。目と同じように、他の感覚器官である耳、鼻、舌といった感覚器官は、すべて外側を向いていて、外界の物事の力を借りて存在し続けています。

「知の王」（「私は在る」）はすべての感覚に影響を与え、感覚に対して、その対象物への統治権を与えているようです。このように感覚のせいで、対象物が外部に存在するように見えるからこそ、感覚に先行して神は存在するという事実が、誰の注意も引かないのです。何度も何度も生まれ変わるうちに、マインドと知性は外側だけを見る習慣を身につけました。そのため、「内観する」ことが非常に難しくなっています。内観は、聖人が逆方向を向き、外部にある物事を見ることを完全に放棄して、マインドを見るときにたどる「逆走」と呼ばれるものです。普通の人が眠っているところで、聖人は目覚め、普通の人が目覚めているところで、聖人はうたた寝をしています。すべての生きとし生けるものは、自分自身が外界の物事に目覚めていることに気づき、このような覚醒の仕方に非常に長けています。しかし、聖人は外界の物事に目を閉じています。そして、他の存在たちは真我に対して眠っていますが、聖人を広く目覚めさせておくものは、「自己」です。

百万ルピーを手にした人は、翌日からそれをどう増やすか心配します。彼はもっともっと多くのものを獲得しようと自分を追い込みます。しかし、聖人はその人に警告します。「引き返しなさい。引き返しなさい。幻想（マーヤー）の渦に巻き込まれるかもしれません。このマーヤーが満潮のように押し寄せてきて、あなたは流されてしまうかもしれません」。現代のこの世界には、ますます新しくなる技術革新とまだ見ぬ未来の技術革新の可能性が押し寄せ、「大いなる幻想（マハーマーヤー）」のサイクロンを作り上げています。あなたは必ずやこの幻想の虜になることでしょう。この大いなるサイクロンに巻き込まれた者が、どこへ運ばれていくかは誰にもわかりません。聖人たちは、現代の進歩に心を奪われ、あちこち走りまわり、その追求に奮闘している人を見ると、その人の中に「自己知」の目覚めをもたらすために、最大限の努力をします。

聖人ラムダスと聖人トゥカラムがそれぞれ川の対岸に立っているときに、出会ったという話があります。そのときサマールタ・ラムダスは、手を振って、トゥカラムにこう尋ねました。「あなたは人々の間にどれほどの目覚めをもたらしたのですか？」聖人トゥカラムは右手で拳を作って、その手の甲を唇に当てる仕草で答えました。「自己に目覚めたいと思う者はどこにもいない」。すると、トゥカラム・マハラジは、サマールタ・ラムダスに同じ質問を返すと、ラムダスは、「覚醒している人は一人もいない」と言いました。そして、彼らはそれぞれの道を進みました。聖人トゥカラムは言います。「聖人たちへの恩義を私はどのように述べることができるだろうか？　彼らはたえず私を目覚めさせてくれます」。聖人トゥカラムとサマールタ・ラムダスがもう肉体を持って私たちと一緒にいないとしても、**『アバンガガータ』**（“Abhangagatha”）や**『ダースボド』**（“Dasbodh”）という書物の中に、彼らが教えたいと思ったことすべてを与えてくれました。彼らが私たちに手渡してくれた大きな財産は、これらの書物という貴重な遺産です。自分がその遺産を受け継ぐと主張する者は、誰であれこの貴重な遺産を享受することができるのです。しかし、この富を得ようとする者は、俗悪な富の誇りを捨てなければなりません。また、自分の功績だと思っている行為や、思い入れのある行為も放棄しなければなりません。内側に向かう道を一歩踏み出す覚悟が必要です。これが、この遺産を受け継ぐための条件です。

人間は、自分の体、自分のカースト、自分の家族、自分の地域、自分の国、そして自分の性質の中にある善や悪を誇りに思い、それらに没頭しています。これらの様々な種類のプライドがすべて人に取り憑いています。人がこれらの様々な種類のプライドから完全に解放されないかぎり、どうしてその人は聖人たちの過去の遺産の恩恵を受けることができるでしょうか？　この財宝の恩恵にあずかることができるのは、誠実にプライドを捨てた者だけです。転生から転生へと生まれるごとに人が身につけ、人の第二の天性とも言うべき様々なプライドを自覚した人は、もしプライドを誠実に捨てることができれば、希望がもてます。人は失望する必要はありません。もし奴隷が、自分が奴隷であるという知識に目覚めたなら、その人は即座に自由への道を探し始めます。奴隷であることに喜びを感じ、その状態を維持するためにあらゆる努力をする奴隷は、自分が奴隷の状態にあると知るときまで、自由への道が存在することを想像することさえできません。同様に人より出世しようという野心が、実は自分を下降の道へと導いているのだと感じた幸運な人は、その日から、聖人たちが示す逆方向を垣間見ることができ、ゆっくりと自動的に新しい道に踏み出す努力を始めるのです。

様々な種類のプライドを一度に全部捨てることはできないかもしれません。もし求道者が、自分がいだいているプライドを自覚することを完全に決意し始め、一つずつそのプライドを捨てていくのであれば、無限の「慈悲深い主」が必ず手を差し伸べてくれることでしょう。もし悪しき行為に誇りを持つなら、善き行為に誇りを持つことで、それは打ち消されるべきで、こうやってその人の悪いところを根絶するのです。善良な資質は養い、発展させなければなりませんが、それに執着してはいけません。善い行為から生じるプライドも捨て去るべきです。ここで疑問が生じるかもしれません。「悪は捨てるに値するが、なぜ善も捨てろと言うのですか？　結局のところ、善良な性質は常に善でしょう」と。親愛なる求道者の皆さん、「自己知」を得るためには、悪徳や悪質な資質と比較して、善良な資質を持つほうがよいように思えますが、人が心から大切に執着している善良な資質を所有することは、実際は百倍も悪いことであり、本当に捨てる必要があるのです。これを調べてみてください。ある求道者は、聖人の助言により、自分の悪い資質を捨てようとします。社会が作り出した、あるいは自分の中にある羞恥心のためです。しかし、善い資質を持っている人は常に世の中で称賛され、その善い資質にプライドを持っています。だから、そのプライドを捨て去るのは難しいのです。

ネガティブなものに対するプライドは簡単に捨てられますが、善い資質に対するプライドはそうはいきません。誰も自分が過ちを犯したことを認めたくないものですが、四つの聖地を訪れる何千人もの人々に食事を提供したり、聖なる人々のために宿を提供したり、何百万回となく神を礼拝したときにいだくプライドはその人の中で非常に強固なものとなり、放棄することはほとんど不可能になります。人が自分の世俗的なやり方を認識し、それを放棄する準備ができたとき、すぐにサッドグルを見つけることができます。しかし、多くの善行をおこなったことで皆に求められている者は、称賛されることに深く埋没してしまうので、そのプライドゆえにサッドグルへの道を見失うのです。それを見て、悪い資質に対するプライドは許されるが、善の資質に対するプライドは完全に避けるべきであると、人は思います。自分の善に対するプライドも、悪に対するプライドも両方が「自己知」の道への棘となります。一つの棘を別の棘の助けを借りて引き抜くと、まだ二本目の棘（善い行為へのプライド）が残り、人はそれをシャツのポケットに忍ばせておきます。この棘は胸や肋骨に刺さらないのでしょうか？　鉄の手錠で縛られた泥棒と金の手錠で縛られた王とでは、王は束縛されていないということでしょうか？

　鉄の手錠の男は鉄の手錠から自分を解放してくれた人に感謝しますが、金色の手錠の男は自分を解放しようという人の喉元に襲いかかるだろう、ということは当然考えられます。彼は金色の手錠を永久に手放さないように頑張ることでしょう。この背後にある力は何なのでしょうか？　この例のように、束縛されても幸せな気分にさせてくれる「味方のふりをした敵」とは、誰なのでしょうか？　善行に対するプライドこそが、求道者にとって真の宿敵です。このプライドこそが、「究極の真理」（パラマールタ）への道を阻《はば》む敵なのです。ですから、善行に対するプライドを捨てることが必要です。そのためには、大変な努力が必要かもしれませんが、プライドを捨てないかぎり、求道者はけっして「究極の真理」（パラマールタ）への知識の遺産を主張することはできません。お金や美しい妻、地位などの現世的な財産は、前世で行われた功徳の結果であると多くの人が信じています。しかし、このような考え方は、「究極の真理」を見出す道を阻む岩のようなものです。したがって、これらのことはまさに肉体との同一化の結果（罪の定義）であると言えるかもしれません。人がプライドで満たされると、その人は憑依され、それゆえ、究極の真理の道を歩むことができなくなります。

金持ちとは反対に、一銭も持っていない男がいるかもしれません。かなり醜く、妻もなく、地位もない、そんな男がいるかもしれません。貧乏で、お腹を満たすためなら、どんな食べ物でも喜んで食べます。彼は、カーストも家族も友人も、そして自分の居場所も失っているかもしれません。このホームレスの放浪者は、あらゆる面で裸同然であり、社会全体からみじめだと思われているかもしれません。しかし彼は、本当は「自己知」を得るのにふさわしい人物かもしれないのです。というのは、彼にはプライドがないからです。このような貧しい裸の男の耳は、お世辞で耳がいっぱいになっている人よりも、早くサッドグルに向かいます。プライドが高い人は、サッドグルのアドバイスを受ける時間が一分でもまったくありません。全人類は生まれながらにして幻想に絡め取られ、束縛の中で生きています。さらに人間は、より新しい発明による快適さや愛着という形で、多くの種類の人工的な束縛を周囲に作り出しています。人間が現代社会で生きていくためには、伝統的な社会的慣習や政府が決めたルールを遵守し、尊重しなければなりません。たとえば、毎日の仕事をするためにネクタイを締めるのは、社会的にふさわしいエチケットとされています。このようなやり方で、社会の最新のものに合わせることは、自分がどんどん自由になっていくことを実感させてくれます。現代社会では、酒や薬を飲まなければ、あるいは毎日ヒゲを剃らなければ、社会から排除されます。そのような社会の束縛の中に飛び込み、そのような愚かな考えを大切にすることで、人は束縛され続け、無価値なものに対するプライドを高めていくだけです。このような社会的束縛やプライドを完全に捨て去らないかぎり、そして、「社会的には賢い人たち」から、「狂人」扱いされないかぎり、プライドや社会的束縛から解放されるような精神状態になることは望めません。サッドグルの唯一の目的は、人がプライドから完全に解放され、肉体との同一化を根絶することを助けることです。もし求道者がプライドや社会的束縛を放棄することが困難であると感じるなら、あるいは正式に妻、お金、財産を放棄することを望まない場合、内なる放棄から始めることができます。これが成功すると、徐々に正式な放棄が可能になります。

内なる放棄とは、マインドでおこなう放棄のことです。たとえば、激しい言葉で人を傷つける癖がある求道者がいるとします。その癖を直すためには、求道者は優しい言葉をかけるだけでいいのです。また別の例では、不必要に嘘をつく癖のある人たちがいるかもしれません。その場合、少なくとも彼らが嘘をつかないと、大きな災難が起こるというとき以外、嘘をつくことをやめることで放棄を始めなければなりません。このようなマインドによる放棄は、お金の支出を必要としません。隣人の繁栄を見ているとき、隣人をうらやましく思ってはいけません。このような決断をすることは、求道者に何らかの害をもたらすでしょうか？このように、人が否定的な性質を放棄し始めると、外的なものを放棄する力もついてくるのです。この世界は夢のようなものです。そして、そんな夢のような世界では、善悪、功罪、二元論的な道徳の領域は、「自己」に目覚める過程において何の重要性もありません。ですから、「自己知」を得るためには、善と悪、あるいは吉と凶といった二元性の両面を放棄することが必要なのです。それがわかっても、なおプライドをなくすのは難しいことです。いくら人が「放棄するぞ。放棄するぞ」と繰り返しても、プライドは減らすことができません。しかし、そのプライドがなぜ入ってくるのか、その原因を突き止めれば、それを根絶することができ、放棄は自動的に続きます。求道者が物事に対してプライドをいだく理由は、その物事が真実であると信じているからです。

人が物事は仮の姿に過ぎないということを理解し、物事が本当の意味で幸福をもたらすことはできないと確信するようになれば、そのとき物事の見かけの現実は自動的に消え去ります。その結果、これまでは本当の物として愛着を持ってきた物事に対して無関心になることができるのです。タマリンドの実の形をした木の玩具は、本物のタマリンドの実ではありません。それは木でできています。しかし、それを見分ける識別力がなければ、木製のタマリンドを見ると、思わず口の中によだれが出ます。その理由は、「これは本物だ」という確信があるからです。しかしいったん、そのタマリンドが木でできていることがわかると、その玩具の芸術性や美的センスを評価することはできても、唾液腺に影響を与えることはありません。このような識別知識、あるいは、「本物ではない」という認識の結果、その対象に対して真の意味で無執着になるのです。この例からわかるように、対象物に対する無執着はその本質を理解することによってもたらされます。このようにこの世で物事を手に入れることの無益さが、後戻りできないほど心に刻み込まれないかぎり、「自己知」は到達困難です。物事の偽りの性質を理解しないかぎり、人はけっして「本物」を目指すことはできません。知性がそれを真実だと信じているかぎり、偽りのものを放棄することはできません。世界に関する間違った知識が、サッドグルのアドバイスによって排除された日に、人はこの世界全体が仮の姿に過ぎないことを確信します。この確信が起こるとき、人は世界を映画や娯楽のように鑑賞することができるようになり、達成されたこの無執着のおかげで、人は世界の影響を受けないままでいます。

「自己知」のない無執着は、火葬場で起こる活動を眺めているときに経験するようなものです。「自己知」なくして真の放棄はなく、放棄なくして「自己知」はありえません。これがパラドックスです。聖人たちはこの状況から抜け出すために様々な方法を教えてきました。グルと神への献身、グルと神を讃える歌（バジャン）、聖地を訪れること、慈善活動をすること、などなどです。このように、聖人たちは人類に無限の救済の手段を与えてきました。人間の性質として、あるものを無理やり奪われると、その人は非常に苦しみます。そのため、そのものを取り戻すために執拗な努力をするものです。しかし、その同じものを自分の意志で手放すとしたら、その犠牲ははかりしれないほどの喜びをもたらすことでしょう。強制されたら、普段は一銭も使いたがらない人が、宗教的な集まりに参加する人々を養うために、自分の自由意志で何千ドルも使うのです。しかし、聖人と交わり、バジャンを唱えると、高慢だった人が変わったという例は数え切れないほどあります。以前はプライドが高くて、他人の意志に従うことを許さなかった人が、社会的地位の低い人にも、喜んで頭を下げて従うようになります。聖人と一緒にいることで、その人はカーストや社会的地位に対するプライドを、自然にそして簡単に、完全に忘れてしまうのです。自分の家で額に白檀のペーストを塗ることさえ恥ずかしく思っていたあの「偉い人」が、今ではブカ（黒い粉）を顔に塗ることをゆるしている、それはプライドの欠如を物語っています。以前は歌や踊りを低俗なものと考えていた人が、自分自身のことも体のことも忘れて、神の名を唱えながら、パートナーと一緒に恍惚とした喜びで踊り始める。聖人たちはこのように求道者がプライドを犠牲にすることを理解しているので、人類に教えを授け、それはバジャンとプージャ（礼拝）を毎日実践するようにという教えです。この教えによって、聖人は「自己知」の道における段階的なステップを示したのです。このようにして、聖人はこの世の物事を放棄し、プライドから解放されることがどれほど簡単かを求道者に印象づけます。

「自己知」とは、自分自身についての「知」です。私たちが、自分が何者であるかを認識すれば、自動的に何が永続的で、何が一時的かという判断が為されます。そうすれば、ごく自然に無常な物事を放棄し、永遠なるものを受け入れるようになります。物事は一時的であるため、消滅の恐怖は避けられません。死、ないし消滅への恐怖に打ちひしがれている人は、常にある特定のものが自分から奪われないように努力します。彼はお金を守るためにあらゆる予防措置をとり、妻の若さと美しさが衰えないように熱心に気を配り、また自分の地位や権威を維持するために奮闘します。しかし、どれほど頑張ったとしても、何事も自分の意志や望みどおりにはいきません。誰も自分の運命から逃れることはできません。なぜなら、死はすべてを飲み込みますから、結局はその顎でつぶされてしまうのです。ブラフマー（ヒンドゥー教の神の一つ。創造神）のような神々でさえも、死の恐怖から解放されていません。

そんな恐怖にまみれた人が、たとえ望むものをすべて与えられたとしても、恐怖を避けることができるでしょうか？　もしその人に必要なものがあるとすれば、それは「恐れ知らず」という贈り物です。求道者は、自分を恐怖から永久に解放してくれるものを見つけなければなりません。この人間と呼ばれる乞食は、自分自身の宝である「自己」を失い、「私は肉体である。私は肉体である」と唱え続けています。人は常に不満で、「あれが欲しい。これが欲しい」と言いながら、いつもこの世の何かを求めて彷徨《ほうこう》しています。そんな人を本当になだめることができるのは、「自己」という贈り物だけです。「自分や自分の妻と子供、そして私が自分の所有物だと思っている自分のお金はどうなるのだろう？」と心配する男は、いつも不安で動揺しています。この種の人間には、「恐れ知らず」という贈り物が与えられ、そうやって恐れをなくさせる必要があります。そして、サッドグルだけが充分に寛大であるので、その「恐れ知らず」という贈り物を授与することができるのです。それはすべての贈り物の中でもっとも高貴なものです。王や皇帝、そして神々でさえもこの「恐れ知らず」という贈り物を与えることができません。皇帝の足元にはあらゆる富がありますが、敵の攻撃を考えると恐怖で落ち着きがなくなります。インドラ神（ヒンドゥー教の神の一つ）でさえも、厳しい修行を積んだ賢者によって、「神々の王」としての自分の地位が揺るがされるかもしれないと思うと、昼も夜も不安でたまらなくなります。このことを深く考えてみてください。恐怖から解放されていない者が、「恐れ知らず」という贈り物を与えることができるでしょうか？　ただ「自己」の中に身を置き、体との一体化を破壊することによって、恐怖を根こそぎ取り除いた大聖人、「マハトマ」だけが「恐れ知らず」という賜物を与えることができるのです。このマハトマを除いては、神々や悪魔、人間たちの一団は、無一文の乞食のようなものです。彼らは、サッドグルの庇護を受けないかぎり、けっして「恐れ知らず」という賜物を得ることができません。もし彼らが神であれば、神の富の誇りを享受し、悪魔であれば、自らの悪しき富の誇りを頭に乗せて持ち運び、人間は自分の重荷に押しつぶされます。神々でさえ、他人の荷物を背負う下僕となんら変わらないのです。では、人間の乞食という卑しい地位とは何でしょうか？　ただサッドグルだけが手を差し伸べて、彼らの重荷を軽くし、同時に「恐れ知らず」という贈り物で彼らを祝福するのです。

様々な種類の知の中で、「自己知」はもっとも偉大なものです。そして、あらゆる道、すなわちダルマ（ダルマとは、人の宗教、または人の性質）の中で、スワダルマはもっとも高貴なものです。マハトマは「自己についての知」を人々の間に広め、スワダルマの意味を教えています。この世界では、占星術、黒魔術、広告などの知識、十四種類の学問、六十四種類の技術が教えられています。しかし、その中で、「自己についての知」以外の知識はすべて偽りのものです。聖人は、これら他の知識を認めず、「自己についての知」だけを広めています。多くの宗教の宣教師たちが互いに競い合いながら自分の意見を主張し、「私の宗教がもっとも崇高であり、他の宗教は人を破滅に導くだけである」と言いながら、アドバイスを与え始めます。彼らはアドバイスするだけでなく、時には賄賂によって、ときには人の家を燃やすと脅したり、時には人を殺すことまでして、改宗という聖なる義務を果たします。このような宗教の布教は、昔とあまり変わることなく、今日もなお続いています。このような強制と暴虐に満ちた海賊的宗教は誰の幸福を達成するためにも役に立ちません。

聖人ラムダスは、「もしこの世にもっとも高貴な宗教があるとすれば、それはスワダルマである」と言っています。スワダルマとは、自分の「本質」に生きるということです。たとえカーストや宗教、国家に属していても、生まれ持った本質に生きることがスワダルマです。スワダルマを理解するためには、スワダルマが、蟻であれ昆虫であれ、あらゆる生命体の中に存在することを理解する必要があります。自分の「本質」だけがスワダルマであり、他のすべての道や宗教を装ったカルトは「パラダルマ」、つまり、「自己」以外のものに関わる宗教です。これらの様々なカルトや宗教は、私たちの本質には異質な特定のルールや方法を定めています。私たちはこのようにスワダルマとパラダルマを定義することができます。もし現在受け入れられているスワダルマ（自分の生来の本質）の意味を当然と受け取るならば、それはバカバカしいと考えられるかもしれません。たとえば、娼婦がいたとします。彼女もまたふさわしいダルマ、つまり、スワダルマ、自分の本質を持ち、それを彼女の真の宗教だと熱心に信じて従います。彼女はそれを娘に教え、娘が揺りかごにいるときから同じことを教え、最後には自分の宗教に従って死んでいきます。もしかしたら、どこかの「女好きのスワミ」が現れて、その女性の生涯を宗教的な聖人について書かれた本に載せるかもしれません。

主クリシュナは『バガヴァッド・ギーター』（ヒンドゥー教の聖典の一つ）の中で、「スワダルマの中で死ぬのが最善である（つまり、体との一体化が死ぬとき、それが人を「自己」の中へ連れていく）」と、私たちに勧告しています。異質なダルマは危険に満ちています。これを達成しようとする間に、もし死が訪れるなら、「自己」にとって異質な他のダルマに従うよりも、スワダルマを優先してください。求道者は主の言葉の中で伝えられている勧告の重要性を認識するべきです。体と一体化する考えを根絶することは、「自己知」の証《あかし》です。マハトマは生きている間にこのような死を経験します。このような死は、誰か他の人の宗教に従うときに起こる死よりも、好ましいものです。聖人トゥカラムは言います。「私は自分の死を見てきた。そのユニークなプロセスをどのように描写すればいいだろうか？」「自己」

のものではない宗教に生き、肉体として死ぬ者が、どうして生きている間に、この死の過程を理解できるでしょうか？　不運な人は、死というものを、自分の宗教に従った様々な習慣や儀式という観点からしか考えません。そのような肉体との一体化という強固な基盤の上に築かれたダルマには、誘惑と恐怖、天国と地獄、功徳と罪、束縛と解脱といった二元論があります。すべての人間は、自分だけのスワダルマに従う権利があり、そこは天国での享楽の誘惑も、煉獄での苦痛の恐怖もなく、束縛と解脱が意味を持たないところです。残酷ですが、真実の格言があります。「やって来たものは、去らねばならない」。最近の「疑似宗教」は、その新しさゆえに広がり、場合によっては政府の庇護を受けることさえあります。しかし、それらは確実に底に沈むでしょうし、最後にはスワダルマにのみ栄光と勝利がもたらされるのです（注：シュリー・シッダラメシュヴァール・マハラジの時代には、インド政府は多くの場合、宗教学校やミッション・スクールにさえ資金を援助していました。この段落では、「自己」の宗教でないすべての宗教が、「疑似宗教」と呼ばれ、私たちの「本質」、つまり、「スワダルマ」の宗教ではなく、最終的には長続きしないことを言っています）。

主クリシュナ（インド神話の中の神）はこのことについてアルジュナ（インド神話『マハーバーラタ』の主人公の一人）に助言しました。「すべての宗教を捨てて、『**私**』に帰依しなさい。『**私**』のもとに来なさい。そして、『**私**』に到達する道の障害となるような宗教をすべて捨てなさい。『**私**』のもとに来なさい。『自己知』の本質を持つパラマートマンに帰依しなさい。『**私**』に到達したとき、あなたは『自己』に覚醒し、もう何もすることはないでしょう。すべてのカルマ（行為）は、『自己知』の中で尽きるでしょう」。主クリシュナはアルジュナに助言するという名目で、すべての人間に対して、「『私』が与えた助言を受け入れることで、自分自身を満たすべきである」という勧告を与えたのです。全世界の中で、「自己知」ほど神聖なものはありません。それ以外の「仕事」や「行動」はすべて無意味なものです。しかし、この文脈では、「自己知」以外のすべての種類の知識や行動が役立たない、つまり、無価値で、何の結果もないと考えるべきではありません。ただそれらは、スワダルマを達成する上で何の役にも立たないということです。犠牲を払うことによって、息子を得るとか、天国を見るといった結果を得ることができないわけではありません。経典を学ぶことによって、人は達人になり、様々な神々を礼拝して鎮めることができます。たとえそうであったとしても、また、これらの行為がすべて、この俗世間において称賛に値するとされるものであったとしても、「自己」が喜ばず、神の恩寵が降ってこないかぎりは、障害でしかありません。すべて俗世間でもっとも優れていると評価される資質は、欠点として数えられるだけです。賢者たちはこのことをよく知っていて、の救済策は、「自己知」の追求の障害となるだけです。

仮に三界のすべてを征服することができるとしても、まったく関心がありません。彼らは、嫉妬にまみれたインドラ神の地位は、カラスの糞のように無益なものだと考えています。聖人は、ただひとつの願望だけをいだいています。つまり、ブラフマンと一体化することです。それ以外のことに関しては、彼らは無欲です。幸運の像に描かれる聖人たちは、意識が体から切り離されるとき、ブラフマンと一体化します。通常、体は死体としてしか見られませんが、マハトマたちは、崇拝に値する存在となり、人々から崇拝されるようになります。それだけでなく、彼らの祠《ほこら》のまわりには多くの寺院が建てられ、このようにして、彼らは全世界からの礼拝と崇拝の対象となることで、不滅の存在となったのです。

ラーマ（インドの叙事詩『ラーマーヤナ』の主人公で、インド神話最大の英雄の一人）、クリシュナ、シッダールタ（仏陀の幼名）、ハヌマーン（インド神話における神猿）、マルハリ（ヒンドゥー教の神）、ジャガダンバ（ヒンドゥー教の女神）は、グルの姿をしたマハトマです。彼らは生きている間、「知」を広める仕事をし、体を離れたとき、神々になりました。地球上のすべての寺院は、まさにこれらの神々のものであり、神々は帰依者の誓いと願いに従って、帰依者の願いを叶えてくれます。彼らは帰依者を自分たちのレベルに引き上げ、「自己実現」の達成へと導いてくれます。多くの人々は、自分がビジョンを見るとき、崇拝する神が自分に会い、彼らの仕事を成し遂げると思っています。しかし神は、帰依者が想像するような一点、一箇所に限定された存在ではありません。神は、帰依者のハートだけでなく、あらゆるハートにも存在し、人に霊感を与え、仕事を成し遂げさせるのです。マハトマが体を離れた後、再び同じ体を持ち、サマーディから抜け出して（死から蘇ること）、帰依者の仕事を成し遂げるというような間違った考えを、誰もいだいてはいけません。

あなたが、プネー（インドのマハーラーシュトラ州の都市）にいるある人に十ルピーを送金したいと思うとき、ショラプール（インドのマハーラーシュトラ州の南部の都市）の中央郵便局に十ルピー札を現金で渡します。二日目か三日後に、目的の人があなたが送ったお金を受け取ったことを示す領収書を、あなたは受け取ります。あなたは今までに、自分が郵便局で手渡した紙幣や硬貨が、目的の人に届いたかどうかという主旨の問い合わせをしたことがありますか？　いいえ、このような疑問は、あなたの頭の中にすら浮かばないでしょう。あなたの関心は、その紙幣ではなく、その紙幣の価値に注がれているのです。送った金額が相手に届いていれば、あなたに文句はありません。同じように、神となった過去の聖人やマハトマは、今生きている同じレベルのマハトマを通して、帰依者の仕事を成し遂げることができます。このようにして、彼らの帰依者の願いは叶えられるのです。

生きているときは尊敬され、それから不死となり、肉体の死後もその名声を保ち続けた人たちは、どのような魔術的技を持っていたのでしょうか？　死後も人々に慕われるようなどんな特別なことを彼らは学んだのでしょうか？　この世界には多くの芸術や科学があります。多くの発明家や多くの勇敢な英雄たちが生きている間、称賛されています。これらの英雄たちは祝福され、花輪や花束を贈られます。人々は、英雄を肩に担いで称賛することさえあります。しかし、人々の憧れの的であった英雄がやがて人々の罵倒の対象となります。数日間、英雄としてちやほやされた人々が、やがて集会で断罪され、時には彼らを非難する決議がおこなわれることもあります。このように英雄たちの偉大さは人為的なものであり、永遠に続くものではないことは明らかです。なぜなら、彼らの「偉大さ」は、一時的な学問や冒険にもとづくものであり、永遠の平和を与える神聖な学問、たとえば、「自己知」にもとづくものではないからです。

それは、政治という現実的な動機を持った何らかの科学にもとづくものです。政治の世界では、名前も顔も時代とともに変わり続け、物質科学では新しい発見が次々と起こります。かつて偉大と謳われた人物も実はたいしたことがないことがわかり、また世界の別の場所では、別の人物が水平線上に輝き始めるのです。「自己知」以外の学問によって達成された偉大さはやがて逆の方向に向かいます。そのため、こういった「偉人」たちは、名誉と侮辱に伴う甘酸っぱい経験をしなければならないのです。このような「偉人」について、彼らの死後わざわざ考えようとする人がいないのも当然のことです。

あらゆる種類の「知」（ヴィディヤ）の中で、「自己知」（アートマ・ヴィディヤ）は永遠の平和を与える唯一の「知」です。ある聖人は、「心の平和を与えない知識は何の役に立つのか？」と問いました。世の中には、様々な種類の学習コースがあります。なぜこれほどまでに学習コースが乱立しているのでしょうか？　その理由は、誰も心の平安を見いだせないからです。世界の争いが少しも止まらないのは、マインドの動揺が止まらないからです。なぜでしょうか？　それは、これらの科学や芸術は、すべて「無知」を中心としており、人間のマインドの動揺や落ち着きを増すことにしか役立たないからです。学問と平和の間はなんの因果関係もありません。様々な宝石を鑑定する者、また様々な科学や芸術、あるいは美学を研究する人でも、心の平和から来る幸福を失っています。なぜなら、彼らは自分自身を調査する能力がないからです。

自分が自宅にいるときに失くしたものを探すとき、自分の家の中を探していないのに、なぜ他人の家を探さなければならないのでしょうか？　自分自身が誰であるかを知らないのに、「この人はこういう人で、この人はAさん、この人はBさんだ」と豪語する人は、けっして不安から解放されません。もし人が自分の住所を知らないとしたら、どこからどんなものを取り出せるのか知っていても、あるいは多くの住所を知っていても、無駄なことです。

第2章

INVESTIGATION OF THE FOUR BODIES - IN SEARCH OF "I"

四つの体を調査する――「私」の探究

この「私」とは誰なのか？

昔々、アンデリという町にゴマジ・ガネーシャという男が住んでいました。ある時この男は、「彼の名前とともに、**『ブラス・ドア（真鍮の扉）』**というスタンプが押されていないかぎり、いかなる命令や文書も合法的なものとして認められない」という慣習を裁判所で確立しました。それ以来、その町の役人はみな、**「ゴマジ・ガネーシャ、ブラス・ドア」**のスタンプが押された文書しか合法と認めなくなったのです。文書を合法的なものにするためのこの手続きは、長い間続き、やがてこのスタンプは正式にアンデリ市の法制度の一部となりましたが、この「ゴマジ・ガネーシャ」が誰なのか、誰も尋ねることはありませんでした。時が過ぎ去り、ある日、**「ゴマジ・ガネーシャ、ブラス・ドア」**の正式なスタンプが押されていない重要な文書が、裁判の証拠として裁判所に提出され、引用されたのです。この文書は、正式な公印が押されていなかった以外、法および通常の手続きに従って完全に合法でした。裁判の過程で、この文書が証拠として認められないという異議が出されたのです。**「ゴマジ・ガネーシャ、ブラス・ドア」**の公印が押されていなかったからです。

その時、訴訟の当事者であった勇気ある人物が、裁判官の前で「文書は完全に有効です。なぜならそれには、現市政の役人のすべての適切な署名があるからです」と主張しました。彼はこう主張したのです。「なぜ文書に『ゴマジ・ガネーシャ、ブラス・ドア』のスタンプが押されていないだけで、それ以外は完全に合法的な文書が受け入れられないのでしょうか？」それから彼はスタンプ自体の合法性に疑問を呈し、その結果、スタンプの合法性が争点となりました。その日まで、誰もこの問題を法廷に持ち込もうとした者はいなかったのです。この問題が初めて持ち上がったので、このスタンプの合法性について判断を下すことが決定されました。**「ブラス・ドア」**のスタンプがどのような手順で押されるようになったのか、好奇心から裁判官自身がこの問題を自ら調査しました。彼の調査が終わったとき、昔、ゴマジ・ガネーシャという特別な地位もない男が、行政の不手際を利用して、すべての公式文書のために使われるものとして、自分の名前のスタンプを押していたことがわかったのです。それ以来、市の役人たちはみなその伝統に盲目的に従ったのです。実際、裁判官は、ゴマジ・ガネーシャ氏はなんの重要な立場も権威もない人物であったことを発見し、この発見が為されたとき、法的文書にこのスタンプは必要ないという決定が下されました。その日以来、そのスタンプは嘲笑の目で見られました。同じように、私たちは「私」という感覚について、そしてそれが「私」や「私のもの」というスタンプが押されて、どのようにあらゆることを支配しているのか、前述したゴマジ・ガネーシャ氏のスタンプのように調査すべきです。自然界では、二つのものが組み合わされると、新しい第三のものが生まれるというのが一般的なルール、原理です。

たとえば、一本の糸が花に触れることで、それまでなかった花輪が生まれます。花輪が生まれるやいなや、その花輪を作るために使われた元の花々の名前さえ消えてしまいます。そして、花輪はそれ自身のラベルで知られるようになります。「花」と「糸」というラベルは消滅し、「花輪」の新しい名前が使われ、それからその花輪のその新しい名前によって、さらなる作用が起こります。土と水の接触によって、泥が生まれ、「土」と「水」のラベルは消滅します。これと同じように、石、レンガ、泥、石工が一体となり、「壁」という第三のものが私たちの目の前に現れますが、その一方、石、レンガ、泥、石工は私たちの視界から消え去ります。「知性」と呼ばれる特殊なものが存在するようになるのは、「知」と「無知」が一緒になることによってです。世界との接触が生まれるのは、この「知性」を通してです。金《きん》と金細工師が一緒になって第三のものが生まれ、それが装飾品として私たちの目の前に現れます。装飾品が見えると、金も金細工師も忘れ去られます。実のところ、もし誰かが金の内部に「装飾品」というものが存在するかどうかを確かめようとしたなら、金しか見えないことでしょう。もし誰かに、「金に触れずに装飾品を持って来い」と言ったとしたら、その人は何を持ってくるでしょうか？　装飾品と呼ばれるものは消えることでしょう。同じように、ブラフマンとマーヤー（幻想）の結合から、「私（自分）」と呼ばれる泥棒がやって来て、誇らしげに「私」と言い、頭を上げ、ブラフマンとマーヤーの両方に主権を宣言しているのです。この「私」、つまり、エゴは不妊の女性（マーヤー）の息子であり、実際には存在しないその者が、宇宙全体に対する無制限の主権を確立しようとしているのです。この「私」の両親を観察すれば、このような「自分」を産むことは不可能であることは明らかです。その子の母親はマーヤーであり、存在しないのです。マーヤーの胎内から、「私（自分）」が生まれました。それは生命エネルギーによって生み出されたことになっています。しかし、この生命エネルギー（ブラフマン）には性別もなく、「行為者」であるとも主張しません。読者は、これがどのような「私（自分）」であるかを想像することができるでしょう。

以上のように、「私」の存在は名ばかりです。しかし、ゴマジ・ガネーシャ氏のように、人はいたるところで「私」と名乗ります。「私は賢い。私は偉大だ。私は小さい」と言いながら歩きまわり、自分がどこから来たのかも忘れているのです。それどころかその人は、目を閉じてミルクを飲む猫のように、後方から襲いかかろうとしている棒に気づかずに、「私」

として自分自身を美化し始めます。彼が権利や特権を受け入れると同時に、それに伴う責任も受け入れなければならないのです。「私はある行為の実行者である」と言うやいなや、その「私」はその行為の果実を享受しなければなりません。行為の結果の果実の享受や苦悩は、行為そのものと、行為者との一体化と結びついています。実際には、「一人の私」などというものは存在しないのです。「私」の背後にある原動力である全行為者意識は、ブラフマンにのみ含まれています。しかしながら、ブラフマンは非常に聡明なので、自分の行為にプライドを持っている誰かに気づく瞬間、その「私」の頭の上に行動のすべての責任を負わせ、無関心のままでいます。その結果、哀れな「私」は生と死の輪の上を回転するように運命づけられるのです。前述の花輪の例では、「花」と「糸」という名前が忘れ去られたあとに、「花輪」という名前が出てきます。花輪が枯れても、誰も「花が枯れた」と言うのではなく、「花輪が枯れた」と言います。糸が切れたら、「花輪が切れた」と言います。これは、プライドや一体化によって、元の対象物の「所有権」が第三の対象物に押し付けられていることを示しています。

同じように、存在しない「私」に一連の不幸が襲います。もし人がこの不幸から解放されたいと思うのであれば、「私」から離れなければならないのです。しかし、それから離れる前に、その「私」がどこに居住するのかを正確に知る必要があります。その「私」を見つけ出して初めて、「私」から離れることについて語ることができるのです。求道者は、この「私」を自分の中心に探し始めるべきです。それはけっして自分の外にはありません。人間は誰でも、「私」、つまりエゴ、そして「私のもの」という感覚、所有感でいっぱいになっています。この世のすべての行為は、このエゴと「私のもの」という感覚によって遂行されています。「私」という思い込みは、すべての人間にとって当然のものに思われています。しかし、このエゴ、つまり、「私のもの」という意識がなくても、すべての行動は遂行できるのです。その方法は後述します。現時点では、この「私」と「私のもの」という感覚についてだけ述べることにします。この「私」をたどるために、まず私たちのグロス・ボディ（肉体）を調べてみることにしましょう。その体を分析したあと、この「私」がこの体のどこかに発見できるのかどうかを見てみましょう。

第一の体――グロス・ボディ（肉体）

肉体とは何でしょうか？　それは手足、口、鼻、耳、目、臓器などの集合体です。これらすべての部分の集合体が「肉体」と呼ばれています。これらの様々な部分のうち、どれが「私」なのかを考えてみましょう。手は「私」だと言えますが、もしその手が切り落とされても、誰も「私は切り落とされた」、「私は捨てられた」とは言いません。目が見えなくなったり、胃が膨張したりしたとしましょう。誰も「私がいなくなった」とか、「私が膨張した」とは言わないものです。そうではなく、「手が切り落された」、「目が見えなくなった」、「胃が膨張した」と言います。これらのすべての部分は「私のもの」として語られます。それだけでなく、これらすべての部分の集合体である肉体そのものが、「私の肉体」として語られます。このように見ていくと、手足の所有権を主張する者、さらには肉体そのものの所有権を主張する者は、実際には「自分のもの」と人が呼ぶ肉体とは、まったく別の者であることが簡単にわかります。

前述したように、「私」はグロス・ボディのどの部分でもどの手足でもなく、すべての手足は「私のもの」であると考えられています。『私』が存在しないところには、『私のもの』と呼べるものは何も存在しない」という、確立された一般的真理、あるいは格言があります。この格言から、肉体と手足は実際には「自分」に属していないことがわかります。なぜなら、そこにどんな「私」も居住していないからです。同じ格言が、もし「私」が隣人の家に住んでいなければ、隣の家やその家の中にある家具調度品は「私」に属するのだろうか？ということにも当てはまります。「私がいないところには、私のものは何もない」という格言の真偽を確かめたいと思うなら、隣人の家に行って、ただ言ってみればいいのです。「私がこの主人です。この家の奥さんも私のものです」。それから、隣人の奥さんに「お前は私のもの」という態度で、口説き始めたら、どんな経験をするかすぐにわかるでしょう。その家の本当の主人はあなたをひどく殴るので、「ああ、私はここの主人ではないし、彼女は私のものではない」ことがすぐにわかります。同じように、「私」が肉体のどこを探しても見つからないとき、肉体の手足とその性質が「私のもの」だと言えるでしょうか？　それでもなお、「それらが自分のものだ」と言い張るのなら、その理由を突き止めてみてください。自分の体を自分のものと見なし、それに従って行動しているすべての人間たちの状態をよく見てください。

人間は「真我」を忘れ、自分の本質を理解していません。だから、様々な種に生まれ変わらなければならないのです。時には虫になり、枝の上で息絶えます。ある時は牛になり、軛《くびき》につながれ、挽き臼のまわりをぐるぐる回ります。時にはロバとなり、ゴミの山の中で懸命に働きます。このような災難がどれほど多いかを描写することはほとんど不可能です。多くの種の中で苦しみの生を受けたあとで、人間として生まれる幸運に恵まれます。人間の体の誕生はユニークです。なぜなら、より高い知性と識別能力を備えているので、「至高の自己」である神を知ることができるからです。人間という種の体を見るなら、それはシムガ祭（マハーラーシュトラ州のお祭り）の下品な芝居の中で扮装した登場人物に例えることができます。この登場人物は次のように描写されます――その人物の顔は黒く塗りつぶされ、体はボロ布に覆われ、首には靴の花輪がかけられ、頭の上には靴の傘をさしている。そして、この登場人物はロバに座らされ、様々な奇声を発しながら通りを練り歩く。皮肉なことに、この登場人物は、このような屈辱的なショーの中心であることに誇りを持ち、道行く人々に挨拶する。同じように、私たちの体もまた、この通り過ぎるショーの特異な一部なのです。人の顔の美しさは鼻と目にあるとされています。私たちは人の目鼻立ちが整っているとき、ハンサムな男、美しい女と言います。しかし鼻とは、それを通じて空気を通すための管以外の何でしょうか？

口は唾液と痰でいっぱいの痰壷のようなものです。胃はどこかの都市の下水処理場に似ています。肉体には立派な名前が与えられていますが、しかし、それは骨と肉と血の集積にすぎません。「至高の自己」の意図とは、人間を落ちぶれさせ、肉体によってみじめな気持ちにさせることで、人間を覚醒させようとすることです。そして、人間が幸福を求めて声高に叫ぶようにし、それを求めて四方八方をさ迷わせるのです。それにもかかわらず、人間は肉体を偉大な贈り物と考え、喜びをこめて花言葉で表現します。粘液の管である鼻は、美しい花のつぼみに例えられ、様々なものが豊かに解放される場所である目は、「蓮の目」と呼ばれ、唾液でいっぱいの痰壷のような口を持つ顔は、「月顔」と呼ばれます。曲がった木の枝のような手足は「蓮の手」と「蓮の足」と呼ばれています！ 人間はこのような行動を正常なものと見なし、自分の愚かさを恥ずかしげもなく披露します。

しかし大いなる主は、この「シムガ」の登場人物である人間にさえも、他のいかなる種にも与えていない「高次の知性」という素晴らしいものを与えてくださっているのです。「高次の知性」という贈り物の目的は、人間が「自己の聖なる本質」を悟ることができるようになり、この卑しいショーに終止符を打つためです。しかし、人間はこの偉大な知性の贈り物を誤用しています。側溝をガンジス川と見なし、肉体を神と見なし、さらにそれを台無しにしています。人間は肉体を飾ることに多くの時間を費やしています。人間は自分の肉体を「私」と見なし、男性は女性の肉体と接触すると、その女性を「自分のもの」と呼び始めます。そして、「私のもの」という感覚ないし、所有意識をその女性の体に置き始めるのです。この「私」が「私のもの」と接触することによって、多くの子供が生まれ、家庭全体ができあがります。その家庭はやがて崩壊し、哀れな男は嘲笑を浴びるのです。この話は、シュリー・サマールタ・ラムダスの著書『ダースボド』に詳しく書かれています。皆さんには、この本を学び、徹底的に理解することを強くお勧めします。

私たちはこれまでに、「私」は肉体のどこを探しても見つからないと判断しました。肉体は「私のもの」ではないことも事実です。では、肉体は誰のものなのでしょうか？　大地、水、光（火）、空気（風と空間）という五大元素がこの肉体の正当な所有権を持っています。肉体が倒れたあと、それぞれの元素はそれぞれの持ち分を奪い、肉体を破壊します。肉体はこれら五大元素の束です。例えるなら、束ねられていた衣服がそれぞれの持ち主によって持ち去られたようなものです。その束を包んでいた布さえも持ち主によって持ち去られたのです。では、どうして「束」と呼ばれるものが残ることがありえるでしょうか？　目に見えるものは何も残っていないのです。

同様に、五大元素からなる肉体も、いったん解体され、五大元素に分解されると、肉体としてはどんな物質も残りません。このように調査すると、「私」は肉体の中にいるわけでもなく、肉体が自分に所属しているわけでもないことがわかります。このような五大元素の束からなる肉体は、「私」ないしエゴのどんなプライドも支えることができません。また、生と死、あるいは肉体に影響を及ぼす六つの激情（強欲、怒り、欲望、憎しみ、渇望、慢心）のような、肉体との一体化ゆえに存在していた関係を維持することもできません。これらは「私のもの」としての「自分」と関連づけることはできないのです。肉体は幼年期であったり、青年期であったり、老年期であったり、暗かったり、美しかったり、醜かったり、病気に見舞われているかもしれません。それはただあてもなくさ迷っているかもしれませんし、巡礼のために聖地を訪れているかもしれませんし、あるいは三昧で静止しているかもしれません。これらの態度、性質、変化はすべて肉体に所属していますが、「私」はこれらすべてから切り離されています。

肉体を分析することによって、「私」は肉体のすべての性質から分離していることを、私たちは学びました。さらに、私たちは次のことも簡単に理解できます。「痘痕《あばた》があり、汚れた鼻水が垂れている我が息子に比べれば、他人の美しい健康なかわいい赤ん坊は、私たちにとって何の価値もない。他人のかわいい子供が死んでしまっても、自分の履き古した靴がなくなってしまうのと同じように苦しむことはない」。その理由は、私たちには、他人に対しては「所有物」や「私のもの」という感覚がないからです。一度ある特定のものが「私のもの」ではなく、他の人のものであることを理解すれば、それに対して無関心になります。そして次第に人は、「誰か」あるいは「別の人」のものであるその物事を嫌うようにさえなり、それは簡単に放棄されます。肉体は「私のもの」ではなく、五大元素に属するものであり、他人の所有物であることをはっきりと理解してください。このことを理解すれば、肉体がどのような特性を持っていようとも、それがあなたにどのような影響を与えるでしょうか？

では、肉体を離れて、先に進みましょう。しかし、肉体を離れるとは、それを井戸に突き落としたり、首に縄をかけて吊るしたりすることではありません。私たちは肉体を理解し、肉体に関する事実を知ることによって、肉体から離れるのです。肉体の本当の姿を知ったとき、肉体への強迫的な関心が静まり、私たちは肉体から一歩抜け出すことができ、自動的に肉体は放棄されます。肉体を意図的に破壊すれば、人は間違いなく何度も生まれ変わります。肉体の完全な放棄は、現実と非現実を識別することによってのみ達成されるのです。肉体がある間に、識別力を使うことで、人は自然に放棄の境地に達し、体が生まれ変わりの理由となる代わりに、体は人を生と死の輪廻の輪から完全に解き放つことができます。

消滅には五つの種類がありますが、二つは肉体のレベル、もう二つは宇宙のレベル、そして最後の一つは識別によるものです。

それらは
（1）日々の消滅、つまり、熟睡による消滅
（2）死による消滅
（3）創造主と創造の消滅（ブラフマ・プララヤ）
（4）多くの時代またはカルパの時の消滅（カルパ・プララヤ）
（5）考察、または識別による消滅

この五種類の消滅のうち、誰もがよく知っているのは、肉体に関連する二種類の消滅、日常的に経験する消滅です。つまり、「熟睡による消滅」と「死による消滅」です。熟睡しているとき、私たちの肉体を含む世界全体が消滅します。しかし、目覚めると、眠る前と同じように肉体と世界は存在し、すべての行動が再び始まります。死による消滅は、熟睡による消滅と同じです。しかし、死後、「自己知」がない場合は、自分の行為（カルマ）と精神的な性質に従って、新しい肉体を手に入れなければなりません。新しい肉体では、食べる、眠る、セックスする、恐れるなどの行為は、前世から残っている印象に従って起こります。

肉体のレベルより上の宇宙的なレベルには、もう二つの宇宙的な消滅があります。一つは、創造主と被造物の生命の終わり(ブラフマ・プララヤ)。もう一つは、そのような創造主とその被造物が数多く現れては消えていったあとの時代、または「カルパ」の終わりに起こる消滅です(カルパ・プララヤ)。この二つのタイプの消滅によって、新しい「創造主」、あるいは新しい「カルパ」が始まり、しばらくの間、潜在していた「創造」が、新たな活力と活動性をもって立ち上がり、また一から始まるのです。このようにして、輪は回り続け、一定の周期で上昇と下降を繰り返します。これまで述べてきたこれら四つの種類の消滅の説明からわかることは、肉体はそのすべてにおいて、最終的に消滅することはありません。しかし識別、すなわち思考による消滅の結果は、非常に強力で独特です。この種類の消滅では、肉体は生きている間だけでなく、死後再び蘇ることもありません。

ゴムでできた蛇のおもちゃが転がっているとしましょう。蛇に対する恐怖心が完全に消えるのは、それがゴム製であることを理解するときです。そうでなければ、目を閉じたり、蛇をカゴに入れたりすることで、恐怖はおさまります。しかし、その場合、目を開いたり、カゴを再び開けたりすれば、恐怖が戻って来ます。またいたずら好きな人が、怖がる人の目の前に蛇を投げつけたとします。するとその人はまた怯えます。蛇から逃れるために、その人は熟睡します。しかし、目を覚ますと、すぐにまた蛇を見ることになります。蛇を追い払うために、酒に酔ったり、クロロホルムで意識を失ったりしたとしましょう。この場合も、酒や麻酔の効果が切れるとすぐに、蛇は再びそこにいます。このことからわかるように、蛇に対する恐怖が消えるのは一時的なもので、永続的なものではないことがわかります。では、どうすれば蛇への恐怖から解放されるのでしょうか？　蛇への恐怖から解放される唯一の方法は、蛇がゴムでできているとただ確信することだけです。

いったんこの知識がやって来れば、たとえ彼の目が蛇を見たとしても、あるいは誰かが蛇で彼を脅かそうとしても、恐れることはありません。同じように、この肉体が何であるかを正しく知れば、この肉体に対する「誇り」や「私のもの」という意識は消え去り、肉体は自動的に放棄されます。これが「考察による消滅」です。この確信を持って死ぬ者は、生と死のサイクルから解放されます。しかし、「不注意に」死ぬ者は、生まれ変わるためだけに死ぬのです。「考察による消滅」によって、そこにあるものであれ、ないものであれ、あたかもそれが非物質であるかのように見えるのです。他のタイプの消滅では、たとえその物が目から隠されていたとしても、それはまだ存在しているのと同じです。それゆえサマールタ・ラムダスは、人間を完全にし、人生における充足感をもたらすのは、「深い考察」（ヴィチャーラ）だけであると主張しています。徹底的な調査の結果、「考察による消滅」の手順で肉体を解剖しても、「私」は見つかりませんでした。

第二の体──サトル・ボディ

では、同じように「考察による消滅」のプロセスを用いて、サトル・ボディにおける「私」をたどってみましょう。この「私」と呼ばれる泥棒が、「サトル・ボディ」のどこかに見つけられるかどうか調査して、見てみましょう。まず、サトル・ボディとは何なのかを知ることから始めましょう。サトル・ボディは、17人のメンバーからなる委員会で構成されています。そのメンバーは以下のとおりです。

1. 行動の五感（手、足、口、生殖器、肛門）
2. 知の五感（目、耳、鼻、舌、皮膚）
3. 五つのプラーナないし生命呼吸（全身に体液という食料を供給するヴィヤーナ・ヴァーユ、臍にあるサマーナ・ヴァーユ、喉にあるウダーナ・ヴァーユ、腸にあるアパーナ・

ヴァーユ、そして、プラーナ・ヴァーユは、私たちが吸ったり、吐いたりする息)

4. マインド(マナス)

5. 知性(ブッディ)

このサトル・ボディの委員会が出す命令は、すべてグロス・ボディによって実行されます。サトル・ボディの権威の領域は広範囲に及ぶので、サトル・ボディを徹底的に調査することで、とらえどころのない「私」を見つけることができるかもしれません。なぜなら、「私」は権威を主張することに強い情熱を持っているからです。サトル・ボディの調査を始めると、「私」はここにも「私のもの」というスタンプを押していることに気づきます。また、ここにあるものは何でも、「私の感覚」、「私のプラーナ」、「私のマインド」、「私の知性」というラベルが貼られています。しかし、さらによく調べてみても、「私は知性である」というような音は聞こえません。その「私」は、ここサトル・ボディの中でも、「所有者」として練り歩くのですが、どこにもいないのです。したがって、前に使ったのと同じ考察によれば、『私』が存在しないところでは、『私のもの』と呼べるものは何も存在しえない」のです。サトル・ボディも、その集合的なメンバー(感覚、プラーナ、マインド、知性)のいずれも、「私」であることはありえません。

この「『私』がいないところには、『私』のものと呼べるものは何もない」という論理には反論があります。たとえば、ジョージ五世はショラプールに住んでいない。では、ショラプールは彼の所有物ではないのだろうか？　この反論に対する答えはこうです――少なくとも、ジョージ五世と呼ばれている個人がいるかぎり、たとえ彼が別の場所に住んでいて、そこに存在していないとしても、彼はショラプールに所有権を持つことができます。しかし、この「私」は「非実体」であり、先ほどの例の「ゴマジ・ガネーシャ氏」のように、その傲慢さと無知が拡散したまま吟味されることなく、この「私」はここ「サトル・ボディ」でも権威を主張しています。しかし、その「私」を追跡できないとき、サトル・ボディによって支援され、「私のもの」だと主張できるものが、どうしてそこにありえるでしょうか？

サトル・ボディは、繊細な絹の束のようなものです。思考で微妙な絹の結び目を解くことは、グロス・ボディのときよりも難しいものです。それでも、それを解く努力をすることは、求道者にとって必要です。ひとたび束が解かれ、徹底的な調査のために開かれた状態になれば、その時点で、サトル・ボディは自動的に放棄されます。**生と死の種《たね》はサトル・ボディそのものであり**、それは欲望という性質を持っていることを認識することが重要です。その種を「知の火」で一度でも焙煎《ばいせん》すれば、それは変化していないように見えるかもしれませんが、たとえ蒔《ま》かれたとしても、芽が出る見込みはありません。

ここで疑問が生じるかもしれません。もしグロス・ボディとサトル・ボディが放棄され、「私」と「私のもの」というプライド的態度が消えたなら、それら二つの体の機能が止まったり、効率的に行為できなくなったりする可能性はないのだろうか?と。疑問は次のように取り除かれます——ある人がある物をロッカーに保管しているとします。それが金でできていると思い込んでいるからです。しかしあるとき、それが金ではなく真鍮でできていることに気づきます。それを知ったとき、彼は次のどちらかを選ぶことができます。それをロッカーに入れたままにするか、取り外して外に置いておくか。そうすれば、その人の愛着がなくなるか、大きく薄れるかのどちらかで、これが事実です。それと同じように、体を「私のもの」として所有するプライドを無視しても、価値あるものは何も失われません。

聖人トゥカラムはこう言いました。「体には、生きさせ、死なせるがいい。私は自分の自己の本質を完全に信仰する」。もし求道者がこの確信のレベルに達すれば、「ブラフマンの至福」(ブラフマナンダ)を体験するとき、「誰が体を気にするだろうか?」という態度が生まれます。そして、この態度が生まれるとき、それは本当に称賛に値することです。ある犬が、聖人カビールのふくらはぎの肉を噛みちぎったことがあります。そのとき、聖人カビールはこう言いました。「犬か肉体かどちらかが知っている。どんなことだって起こるものだ」。この言葉を聞いて、帰依者であるまわりの人々はどう感じたでしょうか？　求道者は、聖人カビールが到達した放棄の程度を容易に知ることができます。影響を受けたのは肉体であり、本質ではないことを彼は理解していました。

「自己」は影響を受けないままであるというこの理解は、聖人カビールや聖人トゥカラムが一家全員を失ったときに経験したことでした。とはいえ、求道者は「私」の探求を始めた当初は、自分の中に揺るぎない同じ恍惚感を得ることはできないかもしれません。もし神の恩寵によってそのような至福に圧倒されたなら、あなたはこう言うかもしれません。「結局のところ、すべての世俗的所有物の価値は何だろうか？」と。そして、「私の家庭はちゃんと運営されるのだろうか？」などという無意味な質問をする必要を感じなくなるでしょう。その時点で、あなたは無関心な態度を身につけているので、「起こることは起こればいいし、去るべきものは去ればいい」と言うことでしょう。

しかし、もし求道者が知的に理解すれば、それは「自己」を経験するよりも簡単ですが、その人には次のような疑問が出てきます。「自己知」に到達し、肉体とマインドに関する所有欲の強いプライドを捨て去ったあとでも、世俗的な職務を続けることができるのだろうか？」と。彼を慰めるために、サッドグルはこう答えます。「親愛なる者よ、もちろん、肉体とマインドの無益さを理解したあとでも、体とマインドのプライドを持ち込むことなく、家庭を築き、子供を持つことはできます」。実際、これらのことは非常によく世話され、人が以前からおこなっていた世俗的義務はまだ勤勉にこなすことができます。

「どうしてそんなことが可能なのか？」と、あなたは尋ねるかもしれません。次の例で理解してください。母親のいない乳児の看護師の行動を見てください。彼女は乳飲み子をあやし、抱っこし、泣いたら慰め、病気になったら看病します。実の母親と同じように。その子を気に入れば、愛情を込めてキスもします。しかし、このような仕事をしながらも、彼女はその子が自分の子であるという感覚を持ちません！　これだけその子供のために尽くしているにもかかわらず、子供の父親が彼女を解雇すれば、彼女はすぐに荷物をまとめて、家を出て行きます。彼女がその仕事をやめたあとは、子供が成長しても喜ばないし、子供が死んだとしても悲しみません。その理由は「自分のもの」という意識がないからです。しかし、「私のもの」という意識がないからといって、彼女が義務を果たしていなかったとは言えません。

別の例を見てみましょう。何百万ルピーもの価値がある未成年者の財産を管理する管財人のケースを考えてみてください。「私のもの」という感覚がないからといって、彼の職務に支障はなく、彼は未成年者の財産を非常に効率的に管理しています。もしその義務を適切に果たさなければ、管財人は責任を負い、必ずその結果を被ることになります。管財人は、遺産が「私のもの」という感覚を持っていません。したがって、相続財産の価値が上がっても、あるいは訴訟で遺産が実際にはその未成年のものではないと判断されても、管財人は影響を受けません。彼の義務は、未成年の財産が彼の管理下にあるかぎり、注意深く見守ることです。要するに、自分の職務が適切に遂行されるためには、職務をやっているときに、「私」や「私のもの」という意識を持つ必要はないのです。これとまったく同様に、グロス・ボディもサトル・ボディも五大元素に根ざした束を形成し、「記念品」として与えられ、人間に託されたにすぎません。

管財人として、人は可能なかぎり最良の方法で束（肉体とマインド）の世話をしなければなりません。この責任を怠れば、心身の健康が失われるという形で、必ず苦しむことになります。管財人が未成年者の財産を効率的に管理し、看護師が子供の面倒をよく見れば、その見返りとして給料がもらえます。同様に、人が自分の心身をよく世話し、それらを健康な状態に保つならば、喜びという形で見返りを得るのです。健康的な体は、究極の真理を探求する上で間違いなく役に立ちます。

自分のすべての責任を果たすことは、「私のもの」という意識なしに達成されなければなりません。この態度があれば、たとえ肉体が太ろうが痩せようが、生きようが死のうが、歓喜も嘆きもありません。もし未成年の財産管理人が「私のもの」という意識に迷わされて、その財産の所有権を主張し、横領すれば、投獄されます。スピリチュアルな修行の場合、体と一体化することは、「自己」を忘れることであり、「自己」を殺すことを意味します。真実は、人は「自己」以外の何者でもないわけですが、「自分は体である」という考えに囚われるものは、解放の希望から遠ざかります。

以上の議論から、以下のことが理解できます。心身の通常の義務や行為は、適切な方法で果たされるべきであり、それらに対して「所有権」の感覚や「私のもの」という概念を確立する必要はありません。そして、管財人と看護師が職務をおこなっているとき、彼らの義務は所有の意識を持つことを必要としませんし、それでもその職務はごく普通に遂行されます。それと同じように、人間の職務も、グロス・ボディ（肉体）やサトル・ボディとの関係において、所有の感覚や「私のもの」という概念をいだくことなく、遂行することができます。

第三の体――コーザル・ボディ

仮に私たちがグロス・ボディとサトル・ボディの所有という概念を失い、束が他人のものであるという事実を認めたとしましょう。それでも私たちは、「私は誰なのか？」とか、「私はどこにいるのか？」という質問に答えなければなりません。それでは、コーザル・ボディの定義について説明しましょう。コーザル・ボディとは何でしょうか？　私たちはこの中に一歩足を踏み入れるやいなや、そこはどこもかしこも真っ暗闇です。この真っ暗な暗い「無知」が「私」の居所なのでしょうか？　確かにここが人の本拠地のように見えます。無知が人の所有物で、人に所属する資質であるように見えます。ここで捉えどころのない「私」を見つける希望が確かにあります。では、見てみましょう。

ここで私たちは、まるで目隠しをしてそれを探すかのように動きまわりますが、「私」はコーザル・ボディの中のどこにも見つかりません。ここで「私」は「私のもの」という感覚さえ放棄してしまったようです。この場所には「私のもの」と呼べるものは何もありません。すべてがまったく静かです。グロス・ボディやサトル・ボディの中で、「私、私」と声高に傲慢に宣言するあの「私」が、ここではまったく沈黙しているように見えます。その「私」は、探し求める者に捕まらないように、かくれんぼをしているようです。コーザル・ボディにおいては、「私」は自分自身を掘って暗闇の溝にし、そのせいで探している者がそこに落ちてしまい、強制的に探求を終了させられるように見えます。

でも、親愛なる求道者の皆さん、心配しないでください。サッドグルはあなたの後ろにも前にも立っていて、この暗闇の溝を安全に渡してくれることでしょう。多くの学者や学識者がサッドグルの導きを信じることができなかったので、この地点で背を向け、探求を放棄してきました。しかし、あなた方は彼らのように探求を放棄する理由はありません。なぜなら、あなた方には非常に有能なマスターであるサマールタ・サッドグルがいるからです（サマールタとは、「自らの存在意義を最高の意味において知る力強い者」という意味です）。

このコーザル・ボディの暗闇の中で安定し、しばらくの間そこにしっかりと足を置くと、「私はこの無知の観照者である」という声がそっと聞こえてきます。これによって勇気が与えられ、「私」と呼ばれる泥棒を捕まえるという希望が生まれます。「私はこの無知の観照者である」というこの声を認識することで、「この泥棒はどこかにいる。近くにいるかもしれないし、少し先にいるかもしれないが、彼は近くのどこかから無知を観照している」という思考がやって来ます。ここでの探求は執拗に観照し続けるという形態をとります。これがどのようにおこなわれるかについては、次の章で述べることにします。おこなわれている観照はコーザル・ボディの虚空を超えたところ、グレートーコーザル・ボディ（マハーカラナ・ボディ）、すなわちトゥリーヤの状態での位置から起こっています。このことが理解されると、「私」はすぐに自分自身を発見して大喜びします。その喜びを誰が表現できるでしょうか。その喜びの中で、「私」は叫びます。「私はブラフマンです。私は『自己知』です」

第四の体――グレートーコーザル・ボディ（トゥリーヤ）

「私」と言う者は、本当はすべてを観照するブラフマンです。「私は在る」（"I Am"）という感覚である「知の性質」を持っているのがブラフマンです。この確信が確立されると、至福の波が次から次へと押し寄せて来ます。そのあと、この至福が消え去るとき、奇跡が起こるのを眺めてください。探究と深い考察（ヴィチャーラ）を経て、人は「知」の性質さえ持っていないという認識に到達します。なぜなら、私が「無知」に覆われているのと同じように、私は「知」に覆われているからです。私は元々「無知」も「知」も持っていませんでした。「無知」と「知」は、「自分」から生まれたもので、それを「自分」であると勘違いしていたのです。このような深い考察の助けを借りることでわかることは、「自分」の中に「無知」と「知」の両方が生じるので、そのことが「自分」がそれらの創造主であることを指し示している、ということです。したがって、「知」は私の子であり、私はその父であり、私はその「知」より以前に存在し、その「知」とは異なるのです。

ブラフマン

この一連の深い識別的考察が内なる夜明けを迎えるとき、グレート・コーザル・ボディ（トゥリーヤ）の状態における「自己知」である「我はブラフマンなり（アハム・ブラフマスミ）」という感覚が衰退し始め、最終的に完全に根絶されるだけです。そのとき「私」は何の覆いもなく完全に裸です。この裸の状態でここに到着しても、この「私」が誰なのか、何なのかを説明することはできません。ここにいる「私」を説明したければ、どんな辞書に載っている言葉でも口にすることができますが、それは「私」ではありません。この「私」は、「これではなく、これでもない」としか表現できないのです。それは「これ」と呼ばれるものに光を投げかける者です。あなたはこれを描写するために、言葉や文章を発するかもしれませんが、しかし、それらの言葉や文章は「それ」ではありません。どのような意味が出てきても、あなたはそれを「私」の説明としますが、しかし、それは「それ」ではありません。もし今、ここで語られていることが理解できないのであれば、言葉や観念を捨て、深い沈黙の中に溶け込み、そして「私」が何であるかを見なければなりません。

第3章

INVESTIGATION OF THE FOUR BODIES IN DETAIL

四つの体を詳細に調査する

順序だったアプローチによる説明

これまで「私」を探す過程で、私たちは四つの体を裏返してみましたが、その痕跡を見つけることはできませんでした。確かに、「私」は四つの体を超えて、言葉もなく消えてしまったのは事実であり、そこには「私」や「あなた」という概念すら存在しません。しかし、ただ沈黙し、これを「深い静寂」と勘違いしてはいけません。今まで、グロス・ボディ、サトル・ボディ、コーザル・ボディ、グレート－コーザル・ボディについて表面的に説明してきました。これから、四つの体のすべての側面を詳細に検討する必要があります。これらが完全に正しく理解され、この理解を自分の本性の一部としないかぎり、求道者は現実である深い静寂に到達することはできません。それでは四つの体の側面とは何なのかを詳しく考察していきましょう。

これら四つの体は、「言葉」が活動しない「ニシャブダ」(静寂)と呼ばれる五段目に進むために、人が上らなければならない四つの階段であると理解する必要があります。一歩一歩進むことで、人は必ず旅の終わりにたどり着くことができます。しかし、どこかの一歩を踏み外し、次の一歩に足を踏み入れるのが早ければ、バランスを崩し、後退する可能性があります。したがって、一つの体が充分に理解されて初めて、次の体へ進むべきなのです。この順序だったアプローチを用いずに、急ぎすぎてステップアップを始めると、混乱が生じます。この混乱の中では真の理解は得られません。求道者は、「無知」と「知」の微妙な違いだけでなく、熟睡と「サマーディ」の微妙な違いも誤解してしまうことでしょう。

比較のために、動かずに静止しているおもちゃのコマと、激しいスピードのために静止しているように見えるおもちゃのコマの違いを考えてみましょう。あるいは、完全な暗闇と強烈な光によって引き起こされる暗闇の違いを考えてみましょう。これらは何気なく表面的に見ると、似ているように見えますが、この二つの状態には大きな違いがあり、またそれらの有用性と能力も違います。人が順序だって整然と一歩一歩理解を深めていけば、示された微妙な違いについて混乱することはありません。ここで古代の聖典において提供される説明の方法に関して、読者の注意を喚起することが賢明でしょう。そうすれば、聖典のある特定の論点の説明のために採用された方法における明らかな矛盾に関して、疑念が生じる根拠がないことを求道者は確信することでしょう。したがって、まず私たちは古代の聖典が採用してきた教えの説き方を説明しなければなりません（これはしばしばヴェーダに示されている「第一の前提」として言及されています）。

ある主題を求道者に説明する場合、まずその主題の重要性を説明します。そして、その主題を正しく理解すれば、大きな報酬が得られると説明します。いったん求道者がその主題を完全に理解したら、次の主題の説明に移る前に、聖典のメソッドを使用する指導者は、まず最初に、すでに理解された主題は役立たないことを求道者に印象づけます。そのあとで初めて、次に教えられるべき主題の重要性を印象づけることができます。なぜこんな方法を採用するかと言えば、その重要性が最初に示され、その動機付けとして、何らかの報酬が約束されないかぎり、人はその主題を理解しようとは思わないからです。次に、学んだばかりの主題の無益さが求道者に思い知らされると、それは自動的に放棄され、求道者は次の話題として提示されるものを理解したいと熱望するようになるのです。

母なるシュルティ（ヴェーダ、ヒンドゥー教最古の古典）は、求道者の心理的背景を考慮した上で、まず食物がブラフマンであることを教え、食物のために働くように鼓舞します。それから彼女は、グロス・ボディがブラフマンであると求道者に教え、そのグロス・ボディの世話をする時間を人に与えます。そして、グロス・ボディに訪れる喜びの体験はすべて、実はサトル・ボディが享受しているのだと説明し、グロス・ボディは単なる死体であることを示します。もしサトル・ボディがなければ、その死体は何も楽しむことができないことが語られます。こうして、グロス・ボディが役に立たないことが示されるのです。

次に、マインド、知性、感覚、そしてプラーナ（生命呼吸）を構成する鞘が説明され、このサトル・ボディはブラフマンであると説明されます。サトル・ボディはグロス・ボディよりも大きい、あるいは広大であることが示されます。このようにヴェーダはサトル・ボディの重要性を強調します。そのあとに、コーザル・ボディについての記述が続き、それは静かで、サトル・ボディよりも広大です。コーザル・ボディはサトル・ボディを飲み込みます。そして、コーザル・ボディはブラフマンであると宣言され、「あなた自身が広大なコーザル・ボディとなったのです」というアドバイスが求道者に与えられます。しかし、コーザル・ボディは「無知」であり、完全な暗闇の中にあると考えられているので、コーザル・ボディが「自己」であるという最終的な主張をここでおこなうことはできません。したがって、求道者はさらにグレート－コーザル・ボディを調査するように強制されます。このグレート－コーザル・ボディはさらに広大であり、ここから「私は観照者である」という声が発せられます。ここに到着すると、グレート－コーザル・ボディ、すなわちトゥリーヤの状態が徹底的に調査・検討されます。

このように、母なるヴェーダは、それぞれの体がブラフマンであることを主張したあとに、それらを退けました。最後に彼女が、無変化無属性のブラフマン（ニルグナ・ブラフマン）を説明する問題に直面したとき、彼女はそれを説明できないと主張し、ただ「これでもなく、それでもない」という文章を繰り返すだけです。「無知」でもなければ「知」でもないものがブラフマンであり、あなたが「ブラフマン」と呼ぶものは、ブラフマンではないのです。このような否定的な言い方で、母なるシュルティは、四つの体のすべてを超越した「それ」としてブラフマンを表現しています。

今述べたことの原理は次のようなものです――ある体が前の体より大きいと言うとき、前の体と比較して、それがより崇高という意味ではありません。たとえば、針の比較では、麻袋を縫うのに使う針は綿袋を縫うのに使う針より大きいですが、掘るのに使う鉄の棒よりは大きくありません。このことは、「大きい」とか「小さい」という性質が、本来のものではないことを示しています。これは、「より大きい」とか、「より小さい」といった性質は、あるものに固有のものではなく、別のものと関連付けたり比較したりすることによって、そのものに押し付けられる性質であることを示しています。同じ法則がここにも適用されます。最初に食べ物をブラフマンとして挙げ、次にグロス・ボディをブラフマンとして、次にサトル・ボディ、コーザル・ボディをブラフマンとして、そして最後にグレート－コーザル・ボディがブラフマンであり、それぞれの場合において、後者は前者のブラフマンよりも大きいわけです。その意図とは、指示を与え、それらのどれもが、究極的にはブラフマンとは言えないという原理を実証することなのです。それぞれの場合において、後者の状態が前者の状態よりも相対的に高い、あるいはより拡大していることが示されますが、それにもかかわらず、ブラフマンではないのです。さらに、このパラブラフマンは絶対的に唯一無二であり、これら四つの体のすべてを超越しています。

今までの説明の仕方を使用しながら、ブラフマンとして説明されているものが、何であるかを明確に理解する必要があります。なぜこのように説明されなければならないのでしょうか？　ブラフマンをどこまで特定の性質を持つものとして説明できるのでしょうか？　さらに、かつてブラフマンと呼ばれたものが、ブラフマンでないと、舌の根の乾かぬうちに否定されるのは、なぜなのでしょうか？　**これを正しく理解することは非常に重要です。**たとえば、料理が苦手な人にご飯の炊き方を教える場合、まずご飯を炊く鍋の下に火をつけるように言います。しばらくすると、同じ人に「今すぐ火を消しなさい」と言います。その人がこの矛盾した指示を不思議に思うのは当然です。先生はこう説明します。「ご飯が炊けるまでは、鍋の下に火をつけておく必要があります。しかし、ご飯が炊けたら、火を消さなければなりません。さもなければ、ご飯の代わりに黒こげができあがるでしょう」

どのような方法であれ、実践が必要なのはその目的が達成されるまでです。そうでなければ、疲弊をもたらすだけで、それ以上有益なことは何も達成されないことでしょう。このように「ブラフマン」と呼ばれるサトル・ボディが徹底的に調査され、理解されるとき、サトル・ボディを「ブラフマン」と呼ぶことのメリットは失われます。次に進み、さらに調査することによって、「私」の探求を続ける必要があります。これは、次のことを示しています。私たちがある特定の結果を得るために、何かに値段をつけたり、それにある価値を置いたりするとき、私たちがつけた価値がそのものの本当の価値であるとは限らない、ということです。たとえば、人生において、次のようなことが起こるかもしれません。愚かな人にさえ、「アンクル（年長の男性への敬意をこめた呼びかけ語）」と、ていねいに呼びかけなければならない状況があるかもしれません。この例では、愚かな人に与えられる敬意は、自分の何らかの行為の結果を得るために、あなたが耐えなければならないことなのです。

同じように、誰かが直面している大きな災難は、その人が自分の本質を忘れてしまったからです。それゆえ、災難や障害から解放される必要があります。それは、ワニの顎に捕まっているようなものです。あなたが、「あなたの背中はとても滑らかですね」とワニにお世辞を言うことで、ワニから解放されたとしても、ワニの背中は羽毛布団のように柔らかいということでしょうか？　この質問は、ワニの顎から解放された男に投げかけられるべきです。ワニのような四つの体の束縛から解き放たれるために、四つの体はしばらくの間、「ブラフマン」と呼ばれるのです。これが、これから使われる説明の方法であることを考慮して、次に私たちは四つの体の実際の説明と描写に目を向けることにしましょう。

調査を開始する

グロス・ボディ（肉体）の性質はよく知られています。それは肉と血の塊であり、手で触ることができ、みんながそれをよく知っています。それだけでなく、誰もが完全に使いこなしています。グロス・ボディが「私」であり、肉体に起こるすべての情熱と欲望は「私のもの」です。したがって、肌の色が黒いとか白いとか、幼年期、青年期、老年期の段階も「自分」に所属します。肉体とカースト、宗教、家、土地、富との関係もすべて「私のもの」です。これは、すべての人間が何度も生まれながら学んできた教訓であり、人はそれをよく学んできました。実際、とてもよく学んでいるので、夢を見ているときでさえ、「自分はこういう人間である」と言う人さえいます。ですから、何度も何度も繰り返し学び、自分の精神にしっかりと刻み込まれたこの教訓を、誰かに教える必要はありません。すべての人間の足は、このグロス・ボディの階段の上にしっかりと止まっています。このグロス・ボディの状態とは、「目を覚ましている」ことであり、この体には、部分的な忘却と部分的な想起があります。世俗的な行為の質、すなわち「ラジョグナ」がこの体の中で優勢です。この基本的な説明でグロス・ボディを理解するには充分です。それでは、次の段階であるサトル・ボディに目を向けましょう。

すでに述べたように、サトル・ボディは委員会です。それは、感覚、プラーナ、マインド、知性の集合体で、「内なるマインド」（アンタカラナ）の上に座り、あるタイプのメンタル世界ないし「夢の世界」を集合的に創造します。目を閉じて、目に見える世界が見えなくなるときに、それは見えます。少し考え、調査すれば、サトル・ボディは実に奇妙なものであることに気づきます。調べてみると、グロス・ボディの動きは、すべてこのサトル・ボディの命令に従っているのがわかります。「何かがこのようなものである」というような観念を主張することは、「サンカルパ」と呼ばれ、「何かはこのようなものではない」という疑いや観念は、「ヴィカルパ」と呼ばれています。このサトル・ボディは矛盾した思考という、倒錯したタイプの知識を常に提示し、その状態は「夢を見ている」状態です。継続的な記憶は、サトル・ボディの示す質であり、ここで優勢な質は、「気づき」あるいは「サットヴァグナ」の質です。

このようにしてサトル・ボディに入門したあと、求道者はその体となります。片足が次の段階にしっかりと踏み込まれたとき、もう片方の足を前の段から持ち上げ、最初の足の横に置きます。こうすることで、人は第一段階を完全に離れます。村の境界を越え、次の村の境界内に足を踏み入れるとき、最初の村は置き去りにされ、次の村への旅人となります。同様に、今まで描写されたサトル・ボディの段階を正しく理解し、実践するために、求道者がこの段階にしっかりと足を置くとき、彼はグロス・ボディから足を離さなければなりません。グロス・ボディが背後に残されるとき、求道者はグロス・ボディとのつながりを断ち切らなければならないのです。

しかし、この作業はそう簡単にはいきません。なぜなら、これらの段階を超えるのに、人間には二本の足しかないように見えるからです。一本は学ぶ足であり、もう一本は学んだことを実践する足です。両足をグロス・ボディの段階から離し、サトル・ボディの段階に置くということは、物理的体を超越するということです。肉体の誇りと所有の感覚を捨て去り、サトル・ボディの所有とプライドの感覚を引き受けるとき、「私はあくまでもサトル・ボディです」と言わなければなりません。これを経験して初めてグロス・ボディは放棄され、サトル・ボディが「私」として受け入れられたということです。求道者がこの第二段階に到達したとき、下の段階は置き去りにされ、グロス・ボディが「私」ではないことを受け入れられます。「私」はグロス・ボディとは何の関係もないのです。グロス・ボディに起こる変化とその特質、たとえば、顔の色が黒かったり白かったりすることは、もはや「私のもの」とは見なされません。グロス・ボディのいかなる特質も自分に所属していないのです。なぜなら、「私」はあくまでもサトル・ボディだからです。つまり、感覚、プラーナ、マインド、知性などとしてのサトル・ボディの特質には、太っているとか痩せているとか、黒いとか白いとか、若いとか老いているなどグロス・ボディの特質は授与されていません。「私」は、微妙な性質を持つマインドや知性などであることは明らかです。もし求道者がこのことを熱心に学ぶなら、両足は二段目にしっかりと踏み出すことができます。そして、グロス・ボディに誇りを感じなくなり、グロス・ボディと同一化しなくなります。その人はグロス・ボディのあらゆる性質や状態に無関心になります。

第三段階はサトル・ボディを超越し、その上にあるコーザル・ボディ、すなわち「無知」です。コーザル・ボディは純粋な「忘却」状態であり、「無知」、ないし「タモグナ」の質が優勢です。コーザル・ボディでは、グロス・ボディとサトル・ボディの幸福についての思考も、それらとの関係も一切ありません。コーザル・ボディとは「何も知らない」ということです。それは熟睡状態に似ていますが、熟睡ではありません。**コーザル・ボディを理解するのは難しいことですが、この状態を理解することは非常に重要です。**「ゼロの原理（無、虚空）を理解した」と宣言した人々は、この状態まで来て、「先には何もない」と言って引き返しました。

コーザル・ボディとは、西洋哲学者の視点において提示される「不可知」、あるいは「虚空」の状態です。あらゆる思考、想像、疑念がないこの状態は、求道者たちにしばしば「サマーディ」と誤解され、概念や特質がないブラフマン（ニルヴィカルパ・ブラフマン）と同じだと考えられます。この虚空ないし空っぽな状態に達すると、人は誤った満足感を得て、「今日、私はブラフマンを見た」と言いがちです。マインドの一つの変化が消えて、別の変化が生じるまでの間（たとえば、二つの思考の間のスペースや、眠りが始まって覚醒状態が消えるまでのスペースなど）は、純粋な「忘却」状態です。これが「至福の覆い」（アーナンダマヤ・コーシャ）と聖典に記されているものです。コーザル・ボディでは、すべての混沌、闘争、そして思考の無限の波が止まりました。したがって、この第三の体には、他の二つの体にはない平安の感覚があります。求道者がある種の喜びを経験するのは事実ですが、これは究極の平和でもなければ、真の至福でさえありません。この点をよく理解しなければなりません。このコーザル・ボディは、すべての神々、悪魔、そしてすべての人間の自然な状態であり、コーザル・ボディの状態は「忘却」状態なのです。

コーザル・ボディの主な兆候や印はすべてを忘れることです。たとえば、すべてを忘れなければ、熟睡を得ることはできません。「眠っていたが、何かを思い出した」と言うことは、本当は「私はけっして眠らなかった」と言うことです。本当に熟睡することは、何一つ覚えていないということです。同様に、覚醒した状態ですべてを忘れることは、コーザル・ボディに入ることです。前述したように、これは人間の自然な状態です。もっとも学識のある学者でさえ、シヴァ神の性質は言うに及ばず、人間の性質も理解していません。人間のこの状態を完全に理解するためには、「間《ま》」を研究する方法が定められています。もし非常に困難なことがあるとすれば、それは、「忘却」状態に完全に安定し、そしてそれを徹底的に知ることです。**これを達成することは、スピリチュアルな進歩において非常に重要なことであり、求道者の側にも大きな努力が必要です。**聖人たちはこの点を特に強調しています。

二つの状態の間にある「間」は、「純粋意識」以外の何ものでもありません。「モウニ」（無言の者）の状態とは、一言も言葉が生じることを許さない、あるいは仮にそのような言葉が生じたとしても、その意味を生じさせず、ただそれが通り過ぎるままにしておくことです。言葉が生じ、その意味が「内なるマインド」に印象づけられるとき、世界が生まれます。その言葉を無視し、その言葉の意味を心に刻み込ませないことは、世界を根絶することです。言葉がマインドにエネルギーを与えないとき、残るのは「意識の純粋なエネルギー」です。この状態を継続的に経験することは、「静寂の状態」と呼ばれています。

第一段階、第二段階を登り、第三段階に足をかけようとしている求道者は、この段階が

「純粋意識」の状態であると告げられます。その求道者は、この状態が純粋な虚空だという印象をいだき、この虚空をブラフマンだと思い、虚空を観照することができません。しかし、第四段階に進むと、第三段階を振り返り始めます。そして、コーザル・ボディの虚空の中に何も見ることができないのに、なぜグルは自分にこの存在しない無の段階に足を踏み入れるように指示したのだろうかと、不思議に思うのです。その理由は、「純粋意識」が知られれば、「無知」と呼ばれるもののほんのわずかな痕跡もありえないからです。ですから、求道者は「忘却」状態が何であるかを理解するようになることはなく、求道者のマインドには、「純粋意識」の変形以外のいかなる変形も生じないのです。

「知」、ないし「意識」は、次の二つの方法で求道者に提示されます。

1. 「意識」の中に対象があるとき、それは「客観的知識」となり、人はそれを対象に関する知識として経験する。
2. 対象がないとき、それは対象のない「知」、すなわち「純粋意識」として経験される。

対象があるとき、それは「客観的知識」と呼ばれます。対象がないとき、それは単純に「知」

であり、「純粋な気づき」、ないし「意識」です。この二つ（客観的知識と純粋知）を除いて、それ以外の変形は求道者のマインドに存在しません。「純粋意識」においては、「無知」という言葉は、求道者の観点から見れば無意味です。彼の中で「忘却」が存在することは不可能です。経験するものはすべて、「客観的知識」であるか、対象を持たない「純粋意識」であるかのどちらかです。

コーザル・ボディの状態を、「それはただ『無知』であり、虚空であり、『忘却』状態であり、求道者が理解できることは何もない」と求道者に提示するのは、「純粋意識」という今述べた事実に彼を導くためです。たとえて言うなら、教師は長さも幅もない点を生徒に教えるために、黒板に大きな長さと幅のある点を描きます。同じように、これがここで説明されている方法です。もしそれがこのように教えられなければ、次の段階を説明することはできません。それゆえ求道者は、これ以上議論することなく、サッドグルを全面的に信頼し、「忘却」の境地があることを当然と考えるべきです。そして、言われたことを実践し、あらゆることを忘れるプロセスを始めるべきです。理解しなければならないのは、コーザル・ボディが前の二つの体の原因であるということです。それゆえ、コーザル・ボディ（原因体）という名前が付けられているのです。

ここでは、「袖《そで》」と呼ばれる劇場の舞台の横幕を例にとって説明してみましょう。袖から役者が出て来て、またそこへ消えて行きます。人間の自然な状態であるコーザル・ボディは、舞台の袖のようなものであり、「忘却」という形の状態で存在しています。この幕の後ろからすべての記憶が現れては消えます。私たちが「あることを思い出そうとしたけれど、思い出せなかった」と言うとき、このことは、それが「忘却」状態に留まっていて、その状態からのみ現れることが証明されたことを意味しています。

これに対して、「あることを忘れた」と言うとき、これは、記憶の中にあったものが「忘却」のカーテンの向こうに消えてしまったことを意味しています。忘れ去られる前の記憶と、記憶されたあとに忘れ去られた何かは、この「忘却」の舞台では仲間なのです。すべての観念が起こり、そして定着することは、この「忘却」の胎内にあり、それはすべての人間にとって共通の基盤です。この「忘却」のせいで、一人ひとりの人間は自分が無知であると感じ、知識を得ようと努力します。しかし、この奮闘の間、大多数は残念ながら世俗的な知識しか得られず、そのため、「自分の本質の知」を見逃してしまうのです。

今まで述べた方法でコーザル・ボディを紹介するとき、サッドグルは弟子にこう言います。「親愛なる者よ、あなたはグロス・ボディでもなく、サトル・ボディでもありません。ですから、あなたはコーザル・ボディと一体化しなければなりません」。求道者が「忘却」の境地にあるという意味は、その人が次のように感じているはずだということです——私は間違いなく、グロス・ボディではないし、サトル・ボディでもない。したがって、サトル・ボディの中で起こるすべての夢と疑念は、私の中には居住せず、私はすべての観念と想像が欠けている完全な「忘却」である。肉体の誕生と死、災難と誘惑、苦痛と快楽、そして、プラーナに生じる飢えや渇きも、私に触れることはできない。名誉も不名誉も、マインドの中の観念でしかない。肌の色が黒いとか白いというような特徴は肉体に所属するもので、私はそのいずれでもない。何ものも私に取り付くことはできない。私は「忘却」である。

この練習に何度も何度も打ち込み、何らの考えや執着もなく、「忘却」の境地にしっかりと定着すると、それが私たち自身の性質となります。このようにして、人はグロス・ボディとサトル・ボディのすべての特質が完全に空っぽであるという経験をします。この「忘却」の実践がしっかりと確立されたとき、第三段階へと確実に上がります。この「忘却の境地」に安定することで、求道者は次の段階、グレート－コーザル・ボディ（マハーカラナ体）、トゥリーヤの境地へ進むにふさわしくなります。

しかし、次の段階に進む前に、次のことに触れておく必要があります。コーザル・ボディは熟睡と似ていますが、睡眠とはまったく異なる状態です。熟睡では、五感のすべてが完全に休息していて、一切の活動がなく、したがって感覚的対象を知覚することもありません。熟睡の中では、すべての存在は至福を享受していますが、自分の本質を本当に知っているわけではありません。熟睡から目覚めると、誰もが次のように言うことでしょう。「私は幸せに眠りました。そして、私は何も知りませんでした」と。こうして、誰もが自分自身の本質の満足と至福、そしてそれに関する無知を伝えます。このように、知らず知らずのうちに人は「無知」の自覚を伝えることになりますが、それは同時に、より深い「無知」の存在を証明することになります。しかしこれは、たとえ熟睡中にそれを体験していたとしても、真の「自己」に気づいていたことを意味していません。熟睡中にそこに存在する「気づき」を経験することはないのです。たとえば、ある乞食が知らず知らずのうちに埋蔵された金貨の相続人になっていたとします。毎日、その人は地面の上で眠り、朝になると生活のために普通に物乞いをします。その乞食にとっては、宝はそこに存在しないのと同じことなのです。同じように、人間も深く潜って至福を経験しながら、自分の本質の中に入って、また出て来ます。しかし、自分の本質についての深い無知がその経験の一部として存在しています。この理由のため、熟睡は、「自己知」、つまり、「自分の本質の知」を知る手段にはなりえないのです。熟睡の中では、求道者はその状態を研究する能力を持たないのです。しかし、「忘却」状態に関してはそうではありません。

「忘却」の研究とは、完全に目覚めていながら、熟睡状態を楽しむことです。この目覚めた熟睡を楽しむ方法は、サッドグルが教えてくれます。魚は水の中でどのように眠るのでしょうか？　それは、その種に生まれなければ、理解できないことです。魚の睡眠が、どうして水によって妨げられないのでしょうか？　この秘密は魚として生まれたときに知ることができます。同じように、完全に目覚めていながら、どうしてこの熟睡状態を体験し、理解することができるのでしょうか？　人はただサッドグルの真の息子、「グルプトラ」になることによってのみ、このことを理解できるのです。

「忘却」の性質を持つコーザル・ボディは、非常に深い熟睡に他なりません。しかし、今まで描写したそれは、目覚めた状態の間に「知りながら」、つまり意識的に経験される内なる静寂です。それは「意識的気づき」なく、知らずにやって来る熟睡状態ではありません。「知らずに」やって来る熟睡状態の中では、何も知られることはできません。しかし、「自己」の本質は、目覚めている最中に経験する「忘却」を知る方法を用いることによって、知ることができます。これが熟睡と「サマーディ」の違いです。

「忘却」とは、何も知らない状態であることは知られていますが、実は、すべてが忘れ去られたあとに「知」が残るのです。この「知」は、「忘却」の研究を通じてのみ理解することができます。

この「忘却」状態は存在しています。そして、それは、理解されなければなりません。熟睡と「忘却」は、どちらも「タモグナ」の結果です。たとえて言うなら、石炭とダイヤモンドを分析すると、どちらも炭素でできていることがわかります。つまり、石炭とダイヤモンドは炭素の二つの側面にすぎません。しかし、それぞれの価値には大きな違いがあります。炭素という成分は同じなのに、なぜダイヤモンドは輝き、石炭は黒く光沢がないのでしょうか？　その理由は同じ成分の割合が違うからです。同じように、熟睡と「忘却」は「無知」の割合が異なります。だから、熟睡中は巨大な密度の「無知」が感じられるのに対して、「忘却」の中では、「無知」の密度が薄く実感されるのです。

熟睡が浅くなるにつれて、目覚めが始まります。熟睡から目覚めた人は、最初は朦朧とした眠りの軽い影響下にあり、それからゆっくりと目覚めます。この状態は眠りがしだいに浅くなっていった結果であり、そのとき完全な目覚めの状態が現れ、眠りが終わるのです。熟睡は、自己のランプを覆う真っ黒なカーテンのようなものです。それに対して、コーザル・ボディは薄い透明なビロードのカーテンのようなものです。このことは、至福の享受が、熟睡とコーザル・ボディ（忘却）の両方において同じであることを意味しています。しかし、「自分の本質の知」を達成するという観点から見れば、熟睡は役に立ちません。それは、不妊の女性とセックスすることによって子孫を残そうとするようなものです。「忘却」状態という形態で、この「至福の鞘」（アーナンダマヤ・コーシャ）を研究することは、人に喜びを与え、自分の「本質」を知るという目標に到達するために必要な段階なのです。

以上のことをふまえ、「忘却」の研究後に来る「知」を授与されているグレート－コーザル・ボディ、つまり、トゥリーヤの状態を観察することにしましょう。ここで少し脱線しましょう。シュリー・サッドグル・バウセヘブ・マハラジの伝統に従って、伝統的なマントラを受けてきた求道者たちは、この時点で疑問を持つかもしれません。コーザル・ボディの研究とは、すべてを忘れることを学ぶことです。これはまた、グルによって与えられたマントラの繰り返しや、半眼の自分の目の前にある色や形も忘れるべきなのだろうか？　と。答えは「そのとおり！」です。そうしなければなりません。その前に、マントラを繰り返し唱えながら、色や形がどのようなものであれ、求道者は、マインドの雑音やおしゃべりが完全に止み、消え去るのを自分で確認しなければなりません。

リラックスした状態で、半眼で鼻先に集中するとき、マントラの繰り返しと色のついたイメージを除いて、他のいかなる言葉も生じてはなりません。それができたなら、それさえも忘れなければなりません。家の中のゴミを掃くのに使うほうきは、家の隅々までゴミを掃き出したあとまで、その手に持っていてはなりません。最後にはそのほうきも捨てなければならないのです。サッドグルは求道者に修行としてマントラを授けます。サッドグルは、数えきれない生の間に疑念、恐れ、想像、観念といった形で蓄積されたすべてのゴミを一掃するために、マントラという道具を与えます。このマントラという道具は、求道者が集中する方法、つまり、注意を集中する方法を学び、マインドを繊細にすることを助けます。この道具をどのように使うべきか、そしてどのような場合に放っておくべきかは、今まで明確に説明してきました。

では、第四の体であるグレート－コーザル・ボディが何であるかを見てみましょう（グレート－コーザル・ボディは、ヴェーダーンタの教えでは「トゥリーヤの状態」、あるいは「サット・チット・アーナンダ（存在・意識・至福）」とも呼ばれています。それが「グレート－コーザル・ボディ」と呼ばれるのは、それがコーザル・ボディの限界を超えたものだからです）。それは、他の三つの体の父なのです。ヒンドゥー教の神話では、ジャナカ王（ジャナカは創造主、生産者を意味する）は肉体を持たない者（ヴィデヒ）でした。彼にはジャナキ（気づき）という娘がいました。この神話の物語は、ジャナカ王が第四の体である、グレート－コーザル・ボディと同じであることを教えてくれます。これは、肉体がまだ存在しているにもかかわらず、肉体を持たない意識の状態を示しています。それは、第四の体における「知」の状態で、これがジャナカ王なのです。彼から娘のジャナキ（気づき）が創造されます。前の三つの体に比べて、第四の体は、体も条件付けもなく、「知」という形態の状態にあります。しかし、だからといって、前の三つの体で見つかった「知」がないわけではないのです。

「知」は、興奮した状態でも平静な状態でも同じです。平静の状態でも乱れた状態でも、「知」は清らかで純粋です。客観的な知識の洪水に浸っているときでさえもそうです。すべての状態において、「知」は一つであり、同じなのです。しかし、最初の三つの体における知は、不純物の混じった知であり、つまり、条件付きの客観的知識です。グレート－コーザル・ボディの状態における「知」は、三つのグナ（ラジャス、タマス、サットヴァ）が混ざり合ってバランスを保ち、「純粋知」として経験することができます。

「知」がバランスの取れた状態にあろうと、アンバランスな状態にあろうと、「知」は常に「知」です。しかし、条件付けに関しては異なるのです。なぜなら人間は、「知」の特定の条件と一体化するために、一つである「知」の中に区別と分離を創造します。たとえば、「ラドゥー」、「ジャレビ」、「バスンディ」と呼ばれる様々なお菓子の甘さはすべて砂糖です。しかし、砂糖がこれらの特定の形態にあるので、「ラドゥーは甘い」、「ジャレビは甘い」、「バスンディは甘い」と言います。もし他の材料と混ざっていない砂糖を味わえば、「砂糖は甘い」と言うことでしょう。もし誰かが砂糖がどのようなものかを説明され、ラドゥーを渡され、ラドゥーの甘さが砂糖であると言われても、その人は砂糖の本当の性質を知ることはできません。しかし、他の材料と混ざっていない純粋な砂糖を与えられれば、人は砂糖が何であるかを正確に知ることができます。

この例は、なぜ「知」が最初の三つの体において、原初の状態で経験できないのかを示しています。なぜなら、その状態では、「知」は常に何らかの条件付けの中にあるからです。最初の三つの体では、「知」は常に客観的知識としてのみ経験されます。第四の体では、「知」は「非客観的」かつ「純粋」であり、それは他の三つの体の中では顕在化しませんが(目に見えない状態)、第四の体の中で「純粋な性質」で輝きます。これが、求道者をグレート――コーザル・ボディに導かなければならない理由です。「純粋知」、すなわち「意識」が知られれば、たとえそれが客観的知識と混ざり合っていても、あるいは他のどんな状態であっても、「世界」と呼ばれる実体が、「自己についての知」(「自己知」)と呼ばれるものと別個のものではないことを、求道者は正しく理解することでしょう。

それぞれの状態が来ては去っても、これらの状態の観照者は行ったり来たりしません。黒い肌の色と白い肌の色、肉体の幼年期、青年期、老年期を見る者は、サトル・ボディのすべての概念、想像、夢と疑念を見る者でもあります。同じ観照者はまた、概念、想像、夢、疑念がまったくないコーザル・ボディを見ます。これらすべての三つの体を観照する者は永遠に目覚めています。

ある特異な体質を持つ女性が、子供を出産したという話があります。その子は母親を知る前に死に、すでに死んだ兄弟姉妹の顔を見ることもありませんでした。この女性にはそのように死んだ子供が何人もいました。しかし、この女性は子供たち全員を埋葬したあとも、その場に留まっていました。彼女の子供の誰一人他の兄弟姉妹の顔を見たことがありませんが、その女性はすべての子供たちの顔を見、彼女の中ですべての子供のことを覚えていました。これはまさに、グレートーコーザル・ボディから生まれた三つの体と同じであり、原初の幻想（ムーラ・マーヤー）という形態です。しかし、これら三つの体はいずれもお互いの顔を見る機会も、母親の顔を見る機会もありませんでした。

一つの状態が他の状態に浸透している間であっても、これらすべての状態に存在する「知」はけっして不純なものではありません。例を挙げれば、一つのビーズが他のビーズに入り込むことはありませんが、糸がすべてのビーズを等しく支えているように、グレートーコーザル・ボディはそのようなものです。なぜなら、グレートーコーザル・ボディは、熟睡状態、夢と覚醒状態のような他の状態すべてに浸透しているからです。グレートーコーザル・ボディにおける「気づき」、ないし「意識」の状態は、「自己発光の炎」であり、「無知」にそれ自身を忘れさせることで、何も覆わずに裸になるのです。

いったん「観照する知」の本質を知れば、「無知」の状態は完全に消え去ります。しかしながら、「無知」が消えるのは確かですが、「見られるもの」の現れ、すなわち、「顕現」も消えるというのは事実ではありません。変わるのは、態度、つまり、求道者の理解が変わるだけです。集中した学習のおかげで、私たちは、見えるもの、現れるものはすべて「知」の形であることを経験するのです。宝飾品の中で知覚されるのは、「金《きん》」に過ぎないということを人が理解したからといって、すぐに宝飾品そのものが破壊されることはありません。同様に、存在するすべては、「宇宙の主」だけであることがわかっても、目に見える宇宙が破壊されることはありません。それはちょうどランプの光が闇を破壊しても、見えるようになった物が消滅するわけでないのと同じことです。最初は光もなく、客観的な形があったという事実以外、何も知られていませんでした。光に照らされることで、物体の性質がはっきりとわかるようになっただけなのです。それと同じように、私たちが無知の暗闇の中で、盲目で世界を見て感じていたとき、サッドグルの助言は私たちの視覚に正しいビジョンをもたらすのです。

「知の炎」が「内なる意識」に灯るとき、光の炎があたり一面に広がり、「無知」の闇は破壊されます。しかし、その本質が現れ、明示された状態でも、世界の外見は同じ状態で残っています。このように、「真の知」を得たあとでは、世界を見る視点が変わるのです。蜃気楼も、人間の視点と鹿の視点とでは見え方が違います。対象は同じでも、その見え方はそれぞれ違うのです。砂漠の砂や遠くに伸びる道路が太陽の光で熱くなるとき、立ち上る熱波は、遠くに立っている人には水面に見えます。これを「蜃気楼」といいます。マラーティー語では、蜃気楼は「ムルグジャラ」と呼ばれます。その意味は、「鹿を誘惑する遠くの水の出現」です。この名前の理由は、鹿が蜃気楼に惑わされ、蜃気楼が本当に水であるかのように錯覚し、喉の渇きを癒すために蜃気楼に向かって走り出すからです。水がないことに気づいた鹿は、幻滅します。水のように見えるものが本当の水であると信じるのは鹿の知性の限界ですが、水のように見えても、喉が渇いている人間は喉の渇きを癒すためにそこに向かって走り出しません。その理由は、蜃気楼は見た目とは違うからであり、人はそのことを理解し、そこに水があると惑わされて信じたりしないからです。これが真と偽を見分けることができる人間の知性の能力です。太陽から見れば、蜃気楼のようなものは何もありません。蜃気楼のように見えるものはどこから生じるのでしょうか？　無知であるがゆえに束縛されている求道者の態度と、シッダ、すなわち「解放された者」の態度の違いがこれと似ています。束縛されている者は、世界を真実だと当然に受け止め、日々の職務のカートを運転しています。求道者が「自己知」を得るとき、世界は一時的な見かけや幻想にすぎないという態度で世界を見ます。しかしながら、シッダは「すべての自己」となった者であり、世界をまったく見ないのです。

この時点で、教えの解説の最初の部分、そしてグロス・ボディからグレート－コーザル・ボディまでのすべてを網羅しました。グレート－コーザル・ボディの説明のあとに与えられる教えの次の部分は、最終的な実在の教えです。グレート－コーザル・ボディ（サット・チット・アーナンダ）と一体化することによって、「自己知」を得て、その状態に覚醒したとしても、その人をシッダと呼ぶことはできません。たとえここまで到達したとしても、その人はまだ求道者（サーダカ）としてしか見られません。シッダが休息する場は、「至高の知」すなわち「ヴィジニャーナ」（思考なき実在）の分野であり、私たちはこの点についてはまだ触れていません。

この解説の段階では、私たちの足元にある段階はグレート－コーザル・ボディ（マハーカラナ体）であり、それはまた「トゥリーヤ」の状態としても知られています。まず、グレート－コーザル・ボディについて詳しく説明しなければなりません。私たちは、グレート－コーザル・ボディは「無知」の消滅の状態であると述べました。しかし、「忘却」状態である「無知」は、コーザル・ボディとサトル・ボディとの関係においてのみ考慮されるのです。実際には、「知」を獲得することによって、消滅させるべき「無知」は本当には存在していないのです。

「無知」、つまり、「ないもの」を消滅させなければならないというのは馬鹿げています。たとえば、ラーマは指輪を持っていて、ゴビンダは指輪を持っていないとします。指輪がないということは、指輪というあるものが存在する状態を示しているのでしょうか？　いいえ、そうではありません。それは、グロス・ボディとサトル・ボディとの関係で現れている存在しない「忘却」という状態が、想像上の状態であるのとまったく同じことです。それは本当には存在していないのです。サマールタ・ラムダスはその著書**『ダースボド』**の中で、次のように指摘しています。「忘却」という形の「無知」の状態は、「なかった」ものが存在しなくなる状態であると。この時点で、「自己知」の状態は本当に存在するのか？　という疑問が湧き起こるのは自然なことです。「忘却」という状態の中で、夢や想像や疑念が存在しないことを見、それらの不在または非存在を知った者は、「知の神」（ジニャーナデーヴァ）です。それは、すべての「知」の変容の消滅を観照する者であり、グレート－コーザル・ボディを統括する者です。しかし、次のことをはっきりと理解すべきです。この「観照する知」

もまた、「自己の純粋本質」に寄生するパラサイト（望まれない存在）なのです。「観照する知」は、「知がない」という意味のコーザル・ボディの「無知」を消滅させるためにのみ必要とされるのです。第四の体の「観照する知」が背後に残されるとき、「忘却」状態も忘れ去られ、「知」は自分自身しか見ません。「自己」を観察することを、「観照」と呼ぶことはできません。「自己」を忘れ、客観的なもの、あるいは「自己」とは異なるものを見るとき、見る者は「観照者」と呼ばれます。「自己」だけを見ているとき、人はこの「至高の知」（ヴィジニャーナ）に留まり、それは「絶対」という質を持っています。

その「単独性」の中で、人は「我はブラフマンなり（アハム・ブラフマスミ）」と、自分自身に口ずさむのが好きです。内側から生じているその音があるとき、この「知」すらも制限され、束縛され、グレート－コーザル・ボディに捕らわれたままです。この「鼻歌」は、「三つのグナ」（グナマーヤー）の性質を持つ原初の幻想です。もし人がこの幻想を取り除きたいのであれば、第一の幻想であるゴロゴロ鳴るムーラー・マーヤーを永久に置き去りにするために、この鼻歌さえも止めなければなりません。「私はブラフマンである」とは、実際には、エゴや分離した自己感覚がない「自己」の上に押し付けられた「私は在る」という非常に微妙な感覚です。しかしながら、この微妙なタイプの「私は在る」ですら、牛乳の中の塩の分子のようなものであり、根絶されなければなりません。偽りを真実とすることは、間違った観念ですが、真を真とすることは、そのような観念がまったくないことです。この声明の恩恵によって、すべての観念がない状態においては、グロス・ボディも「私」であり、サトル・ボディも「私」であり、コーザル・ボディもまた「私」です。しかしながら、「自分自身がこれら三つの体のいずれかである」と人が主張し続けるかぎり、それは間違った観念であり、一種のプライドです。

今まで述べてきたことをふまえれば、「我はブラフマンなり」と言うときの「私」と言う意識は、エゴがない、あるいはプライドがないと言うことができます。なぜなら、この「私」は真理を支持しているからです。だったら、この中のどこに偽りがあるのでしょうか？　実際、この中には、真実でないもの、偽のものは何もありません。しかし、もしその「真なる者」が、「私は真実である」、「私はブラフマンである」と宣言し続けているとすれば、この真理に疑念が生じます。もしバラモン(司祭カーストの誰か)が自分に会うあらゆる人に、「私はバラモンです。私はバラモンです」と言い続けるとすれば、それを聞いている人は、「もしこの男がバラモン（司祭カースト）であれば、なぜ彼はそれを繰り返さなければならないのか？　彼は実際は低いカーストにちがいない」と言うことでしょう。同じように、「私はブラフマンである」という概念を繰り返し主張することは、グレート・コーザル・ボディにおけるこの「意識」、この「知」が、自分自身の本質に関する疑いから自由ではないことを示しています。この観点からすると、私たちに「自己」を思い起こさせる「私はブラフマンである」という観念の記憶さえも、消し去らなければなりません。つまり、グレート・コーザル・ボディの意識（サット・チット・アーナンダ）が、記憶も忘却もない程度まで安定させられなければならないのです。そうして初めて、求道者は「純粋な知と至福の本質」になるのです。

普段の日常的なグロス・ボディの経験を考えてみても、私たちは思い出すことも忘れることもない自然な状態にあります。「自分のことを忘れてしまった」とか、「自分のことを思い出していた」というような経験をする人はいるでしょうか？　そういった努力をして、自分の存在を証明しようとしたことがある人がいるでしょうか？　私たちが自分を忘れることはありませんし、また自分を思い出す必要もありません。私たちは常に思い出すとか忘れるという状態を超えた自然の状態にあるのです。それが私たちの本当の本質です。思い出すことや忘れることとは、私たち自身から切り離された何か「別のもの」のことなのです。この真理にもとづき、人は「何であれ、思い出したり、忘れたりするものは絶対的に『私』ではない」

と固く心に決めるべきです。「何であれ、思い出したり、忘れたりするものは絶対的にあなたではない」ということが、あなたの確信になるべきです。「自己」の記憶や忘却がないとき、そこにはただ「自己で在る」ことだけがあり、それは「自ら光り輝くもの」として認識できます。したがって、グロス・ボディはあなたではないし、サトル・ボディはあなたではないし、コーザル・ボディはあなたではないことを知ってください。あなたは「自己知」の質を持っている、「私はグレート－コーザル・ボディの存在・意識・至福です」という「気づき」なのです。あなたは常に同じでなければなりません。

今までの指示に従って漸進的排除の理論によって進み、「純粋知」、すなわち「私は在る」としての自分の本質への確信が目覚めたあと、四つの体は、古来から伝わる調査法と推論的消去法を用いて、集合的に考察されてきました。今まで、「あなたは三つの体ではない」と説明されてきましたが、この時点で、ヴェーダは再び引き返し、今度は、目に見える世界の姿は、すべてあなた自身の「意識」の遊び（リーラ）なのだと告げます。次のような格言がありますーー「生み出されたものは、それを生み出すものに似ている」。たとえば、水が氷になっても、それはまだ水です。表面的にしか見ていない者にとって、水は流れる性質を持っているのに対して、氷は固体です。水には形がなく、氷には形があります。しかし、実体がわかれば、両者は同じものであることがわかります。この格言によれば、次のことが理解できます。世界とその主（ブラフマン）は同じです。これがヴェーダの教えです。

物質的観点からに見れば、地、水、光、風（空気）、そして空（空間）は異なって見えますが、その違いは質の違いにすぎません。氷は溶けて水になり、同様に地は水に溶け、水は火の熱で乾きます。火、すなわち光は風の中にあり、拡散され、空間に消えていきます。「自己」はこれら五大元素の子宮なので、五大元素はすべて「自己」の中で消滅します。もしこれらの原理が互いにまったく異なるものであったなら、それらはどんな違いを残すこともなく一つに溶け合うことはけっしてなかったでしょう。したがって、五大元素とこの物質世界と微細な世界は「自己」にすぎません。「自己」はすべての異なる性格や種として現れます。画家が木、石、牛、水牛、川、空、神々、悪魔、人間を描くとき、それらはすべて絵の具という一つの物で描かれます。それと同様に、無限の形態で世界として現れるこの光景は、「純粋知」以外の何ものでもありません。これは人が到達しなければならない大胆かつ説得力のある推論です。

この時点で、一つ言っておかなければならないことがあります。それは、方法そのものは推論的消去法であろうと、別の矛盾する方法を採用しようと、重要ではなく、ある特定の方法の主な目的は、「知」を授けることである、ということです。数学の例題を何人かの少年が様々な方法を用いて解いたとき、その答えが同じであった場合、その答えを正しいものとして受け入れざるをえません。重要なのは答えであって、答えにたどり着く方法は二の次なのです。ヴェーダは、「自己（真我）」の性質を求道者に説明するために用いられる方法をそのように捉えています。水と氷、世界と神、金と宝飾品が同一であることを証明することには、障害があります。たとえ金と装飾品が同じであっても、金細工師が技巧を駆使しなければ、装飾品はできませんし、水は非常に冷やされることによってのみ氷になることができます。同じように、世界と神は同じですが、それでもなお、これは、神の中で何らかの変容が起こったにちがいないという理屈が成り立ちます。神が固まって地となり、溶けて水となり、乾いて火となりました、などなど。この議論では、まず神が五大元素になり、それから世界が五大元素から形成されたということになります。こういった説明は推論的方法の欠点であり、このように反論を提起することができます。しかし、サマールタ・ラムダスはこの反論さえも、「ああ、あなたはなぜ、まったく存在しないものについて尋ねるのか？　世界は存在していない。絶対的なパラブラフマンだけが存在する」という一文で消し去ります。

「自己」を忘れることが、幻想、すなわちマーヤーの誕生です（マは「ない」、ヤは「もの」を意味します）。マーヤーは「ないもの」であり、それはマーヤーが「存在しないもの」であることを意味しています。この存在しない女性をどう描写すればいいのでしょうか？　不妊の女性の息子は色白でしょうか、それとも肌が黒いでしょうか？　年齢、身長、体重、カーストは？　存在しないものについてのこれらの質問に、私たちはどう答えることができるでしょうか？　子供が泣かないように、「かかしがやって来た。かかしがやって来た」と大人は言います。実際には実在しないかかしの物語を創作することで、子供はおとなしくなります。静かになった子供は、父親にこう尋ねます。「パパ、かかしはどんな姿だったの？　ひげの長さは？　口ひげの長さは？　鼻、目、歯の大きさは？」父親はどんな答えを返せるでしょうか？　父親が答えるまで、子供は黙りません。そんな時、父親はかかしの鼻をラーメーシュワラム（南インドの地名）まで伸ばし、足はオランダまで伸ばし、頭は空に届かせなければなりません。こうして父親は、「かかしはこんなもの、あんなものだよ。だから、もう泣いてはダメだよ」と好き勝手を言いながら、かかしの恐ろしい絵を描くのです。このような説明だけが、マーヤーの描写と一致します。

存在しないマーヤーが存在し、彼女がこの世界を創造しました。ヴェーダは、この世界がどのように創造されたかを、人間であるジーヴァに彼らの理解力に応じて説明しようとしました。ヴェーダはマーヤーと世界の根源をどうにかしてたどろうとしました。「このようにまさに起こったのだ」と。推論的消去法で用いられる考察は、時に他の理論や方法と矛盾することがあります。しかし、「ヴェーダは、Aの人にはあることを言い、Bの人には別のことを言うのだから、ヴェーダは人々に誤解を与え、間違ったことを伝えている」と非難するのではなく、ヴェーダは、「自己知」をすべての人に説明していると言うべきです。求道者たちの知性の能力に応じて、様々な方法を使いながら、ヴェーダは彼らの幻想を根絶したのです。誰が騙しているのかというと、求道者たちがこの世の本当の姿について自分自身を欺いていたのです。母親が一人の子供に小麦粥を与え、消化不良に苦しむもう一人の子供にはロティ（平たいパン）を与えます。この母親を偏愛と呼べるでしょうか？　その母親はそれぞれの子供の消化能力に応じて、どの食べ物が有益かを知っているのです。同様に、ヴェーダに関しても、求道者のタイプによって異なる方法が用いられます。求道者たちは、知性が異なっていますが、彼らは輪廻という同じ病（世俗的な対象的存在への信念）に苦しんでいるのです。

「バヴァ・ローガ」とは、「世界が創造された」という考えを生み出した病気を意味しています。この病気を治療するために、ヴェーダや様々な聖典は、求道者の理解力に応じて、様々な方法で説明を与えなければなりませんでした。たとえ発熱が一つの症状であっても、賢い医師は患者の体調に応じて様々な薬を与えます。医者の目的はただ一つ、患者の健康を取り戻すことです。薬に違いはあっても、考え方には違いはありません。ある患者に合う薬が、別の患者に合わないかもしれません。同じように、ある求道者に与えられたスピリチュアルな指示は、別の求道者には魅力的でないかもしれません。ある背景を持つ求道者に与えられた知識や助言は、別の背景を持つ別の求道者には適さないかもしれません。母なるシュルティ（ヴェーダ）が与える方法には何の落ち度もないのです。欠点は、その解説が為されるときの求道者の精神的傾向にあります。母なるシュルティの最終目標は、すべての子供たちが「自己知」に到達することです。それゆえ、求道者は非難する態度を捨て、「自己知」を獲得するという目標を達成することで、自らをまっとうすべきです。

第4章

THE GREAT
- CAUSAL BODY -
" I AM "

グレート・コーザル・ボディ――「私は在る」

ここまでの説明では、四つの体の定義に焦点を当ててきました。次に、「知」がどのようにして四つの体の中に生じるかを見ていくことにしましょう。グロス・ボディを通じて、対象物の知識を視覚で得るためには、四つの体すべてがこれをもたらすために役立っていることが必然的にわかります。たとえば、絵の中に描かれた一対の目を考えてみれば、その目が物を見ることができないのは明らかです。同様に、肉体の目だけでは、知性の微妙な目の助けがなければ、対象を見ることはできません。たとえば、私たちはマンゴーを見たり、「これはマンゴーだ」という知識を持っていたりします。しかし、肉眼だけで見えるものをただ見るとしたらどうなるでしょうか？　もちろん、肉眼もその対象をマンゴーと見るべきですが、実際はそんなふうにはならないのです。肉眼の背後には知性の微妙な眼があり、「マンゴー」を知るためには、その助けが必要なのです。

しかし、肉眼と繊細な知性のこの組み合わせでさえ、充分ではありません。もしこの二つがコーザル・ボディの支援を得ていなければ、知性は死んでしまいます。コーザル・ボディは空間、空、虚空、距離などのように様々なやり方で機能します。知性が機能するためには、空間という背景が必要です。ですから今、空間という形態のコーザル・ボディと、目と知性が存在しています。しかし、これら三つを結びつけるグレート－コーザル・ボディ（「私は在る」という意識）という形態の観照者がいなければ、何の知識もありません。

したがって、対象物に関する知識を得るためには、これら四つの体すべてが存在することが必要です。しかし、一つの体から次の体へと段階的に見ていくのであれば、サトル・ボディの活動や変化を知るためには、肉体は必要ないことを指摘する必要があります。さらに嫌悪と執着、喉の渇きと飢え、喜びと痛みなど、サトル・ボディで起こる活動や変化は、コーザル・ボディとグレート－コーザル・ボディの助けを借りてのみ知ることができます。逆に言えば、コーザル・ボディに知識が生じるためには、グロス・ボディとサトル・ボディの助けは必要ではありません。この説明の段階で、どのようなレベルの知識であれ、常にグレート－コーザル・ボディに依存していることが明確にされなければなりません。

コーザル・ボディの中の知識を得るためには、サトル・ボディの要素（マインド、知性、思考、プラーナ、感覚）はまったく役に立ちません。サトル・ボディの要素はグロス・ボディとサトル・ボディに影響を与えるだけです。コーザル・ボディの領域は、グロス・ボディやサトル・ボディとはまったく異なり、それらの何もコーザル・ボディの中に入ることはできません。このとき当然、次のような疑問が生じます。「もしそうなら、人はどうやってグレート－コーザル・ボディに入ることができるのか?」マインドや知性の範囲は、サトル・ボディだけに限られており、それらは、それ以上の二つの体であるコーザル・ボディとグレート－コーザル・ボディに入る能力がありません。

この時点で、グレート－コーザル・ボディ（トゥリーヤ）の「知」は、絶対的に「自足」していることを述べなければなりません。それはそれ自体で成り立っており、今まで述べた三つの体に依存することも、それらからの助けを期待することもありません。この知は「自ら光り輝く」のです。たとえて言うなら、たとえ目がすべての物体を見るとしても、どんな物体も目を見ることはできない、太陽を見るためにランプの光を必要とする者はいない。同様に、誰もこの「目の中の目」、「知の王」を見ることはできないのです。

この「知」は、自らの輝きによって自らの存在を証明します。たとえ目が自分自身を見ることができなくても、目を持つ者は、自分が目を持っているかどうかを疑うことはありません。目があるから見えるのです。この種の確信が自然と人の中にあります。同様に人は、自分以外の誰かや何かを観照しながら、自分自身についての知識も持っています。自分の目を見るためには、鏡が必要で、そうやって目の鏡像を見ます。その客観的な知識は、目の「映し出された知識」にすぎません。しかし、グレート-コーザル・ボディの「知」は、自分以外のすべてのものを観照することによって、自分自身の存在を証明します。その存在を証明するために他の証拠は必要ありません。

このグレート-コーザル・ボディの「知」は「すべてに浸透」しています。しかし、無知な存在から見れば、それはあたかも目に見えないかのようです。グレート-コーザル・ボディの「知」を見る代わりに、大海の中の一粒のケシの実のようなグロス・ボディが、人にとっては最大のものとなっています。この世のやり方は実に倒錯しています。私たちの習性は、小さいもの、つまり、対象的なものを見ていると、大きいもの、つまり、主体的なものを忘れてしまうことです。私たちは「自ら証明し」、「自己充足」しているものを捨て、人工的なものを称賛します。それは、美しい電灯に称賛の言葉が贈られるのに、同じ称賛の言葉を太陽の光に与えないのと同じようなことです。あるいは、壁に描かれた絵を見て、壁そのものを忘れてしまうようなものです。そのプロセスとは、私たちが壁を見るときは、今度は、家それ自身のことを忘れるのです。私たちが光に照らされたものを発見すると、私たちはその光のことを忘れてしまいます。また、紙に書かれた文字を読んでいるときにも、紙のことはまったく意識しません。

このプロセスで実際に起こることは、浸透している実体が無限に大きいにもかかわらず、浸透されている物に注意を向けると、浸透している実体を忘れてしまうことです（たとえば、この点を説明するために、金と装飾品、土と壁の例がよく使われます）。粗雑なもの（グロス）は微細なもの（サトル）によって浸透され、微細なもの（サトル）は因果的なもの（コーザル）によって浸透され、原因的なもの（コーザル）は大因果的なもの（グレート－コーザル＝「意識」、「知」）に浸透されます。しかし、そうであっても、グレート－コーザル・ボディの「知」を見ることはできません。なぜなら、あらゆる人の焦点は粗雑なものと対象的なものに向けられているからです。求道者の狭い焦点が広がり、すべてに浸透するものになるとき、そのとき人は真理、すなわち、広大な宇宙を覆い包む「無限の知」のビジョンを持つことになるのです。

グレート－コーザル・ボディに宿る「知」は、コーザル・ボディ（「無知」）の破壊者ですが、グロス・ボディやサトル・ボディを破壊することはできません。グロス・ボディとサトル・ボディを通して得られる通常の表面的な客観的知識は、**「無知」の破壊者ではありません。**唯一無二のグレート－コーザル・ボディの「知」だけが、「無知」の敵です。「無知」は、実は普通の客観的知識によって支えられています。原初の「知」を獲得して初めて、「無知」

は消滅するのです。しかし同時に、グロス・ボディとサトル・ボディの機能が止まるわけではありません。

グロス・ボディとサトル・ボディの固有の活動が、無知な人間にとって機能するのと同じように、「自己知」を得たあとのジニャーニ（賢者）にとっても機能し続けます。それは、暗闇の中では見えない物が、暗闇がランプの光によって破壊されたときに見えるという例えに似ています。光は暗闇を破壊しますが、対象物そのものを破壊しません。光の力によって、対象物が知られるのです。対象が照らされている間に破壊されるのは、暗闇だけです。それと同様に、人が「自己知」を得るとき、「無知」の闇は完全に根絶されますが、グロス・ボディとサトル・ボディは機能し続けます。

この説明の自然な流れの中で、「グレート-コーザル・ボディの『知』の光の中で、『無知』が破壊されることによって、コーザル・ボディは機能しなくなるのか？」という疑問が生じます。この点について少し考えてみましょう。「無知」には、空、空間、接点、距離などなど、様々な形態があります。確かに、「自己知」を得たあと、「無知」は破壊されます。この「自己知」において、すべての衝動や活動（運動）は、微細な欲望や粗雑な欲望として空間に現れます。これらの衝動は空間が最初に創造されないかぎり、まったく生じません。

つまり、起こるのはこういうことです――「自己知」を得たあと、これらの体を見るとき、四つの体は、それぞれの体が「自己知」に到達する過程で超越されたときの順序とは、逆の順序で現れます。まず第一に、「自己知」(「私は在る」)、次に空間の形をしたコーザル・ボディ、それからサトル・ボディ、そのあとに、グロス・ボディが次々と現れ、形を形成します。しかし、コーザル・ボディの中で「無知」が破壊されてはいますが、グロス・ボディとサトル・ボディの活動と働きが明らかになる前に、コーザル・ボディは必然的に、サトル・ボディとグレートーコーザル・ボディとの間に「空間という階段」を確立するのです。

第5章

THE APPEARANCE OF THE WORLD

世界の出現

「知」が動き始めると、活動や運動が生じ、同時に意識の空間という形態でコーザル・ボディ、ないし「チダカーシュ」が創造されます。それから次に、サトル・ボディ、そしてグロス・ボディが現れます。先に説明した「自己知」を得る方法において、順番に上る四つの段階とは次のとおりです。

（1）グロス・ボディ（肉体）
（2）サトル・ボディ
（3）コーザル・ボディ
（4）グレート－コーザル・ボディ

順序を逆にすれば、次のようになります。

（1）グレート－コーザル・ボディ
（2）コーザル・ボディ
（3）サトル・ボディ
（4）グロス・ボディ（肉体）

「知」は自らの中に安住する代わりに、動き始め、下降を始めます。最後の二つの段階、すなわち、サトル・ボディとグロス・ボディは、三番目のコーザル・ボディの段階が最初に踏まれて、ようやく踏まれることができます。この「コーザル（原因）の状態」から下へ降りると、最後の二つのステップであるサトル・ボディとグロス・ボディが起こります。世界の出現が感じられるのは、これらの段階においてのみです。

究極的には、起きていることは次のことです――世界の出現を含む「知」は、「無知」を完全に破壊することはできませんでした。次のことを考えてみてください。光は闇を破壊し、そのおかげで以前は闇が隠していた物の知識を明らかにします。同様に、世界が現れるのは、コーザル・ボディが「空間」の中でそれを支え、あるいは維持しているからです。世界の出現が、ジニャーニ（自己覚醒した者）によってであれ、無知な者によってであれ、感じられるかぎり、「無知」はまだ何らかの形で潜んでいることが理解されなければなりません。両者の違いとは、「無知」は「無知」の形態ではジニャーニに現れないということです（ジニャーニは「無知」を「知」として経験します）。「知」が死なないかぎり、「無知」は死にません。「知」と「無知」は幻想（マーヤー）から生まれたシャム双生児なのです。両者は同時に生まれ、同時に死にます。一方がそこにあれば、もう一方も生き続けます。一方が死ねば、他方ももう存在しません。これが真理ですから、「知」そのものがどのように死ぬかを見てみましょう。グレート－コーザル・ボディの中の「知」が死ぬ前に、その下にある体がすべて死ななければならないのです。これら四つの体は順番に死にます。死にゆく人を見るとき、私たちはその人を眺めている以外何もしませんし、私たちがその人とともに死ぬわけではありません。同様に、私たちはこの四つの体がどのように死んでいくのかを冷静に見つめることができます。

死について簡単に気づくことができる原則の一つは、成長が止まると、分解が始まるということです。この言葉の意味は、成長を止めたものは必ず崩壊を始め、死の道をたどる、ということです。死のために何かワークをする必要はありません。成長には破壊が内在しています。誕生の中に死が、死の中に生があります。これが生と死の伝統です。たとえ他に理由があるように見えても、生まれたものは自ら死を迎えるのです。死の根本原因は誕生に他なりません。この四つの体は、「純粋な本質」の上に生まれ、死ななければならないのです。では、どうやってそれらが死ぬのか見てみましょう。グロス・ボディの死は、「成長あるところに破壊あり」の原則に従い、けっして避けることはできません。今日でなくとも、少なくとも百年後、あるいはそれ以上の時間がたてば、肉体は死ぬのです。グロス・ボディ（肉体）は二五歳くらいまで成長し、そのあと崩壊を始め、ゆっくりと「死の王道」を歩いていき、ある日突然、死の犠牲者となります。グロス・ボディはサトル・ボディの肉体的形態に過ぎないので、それは独立した存在を持っていないと言えます。粗雑な形態としての樹木は、微細な種子の結果に他なりません。グロス・ボディとサトル・ボディという樹木の両形態は、自動的に枯れてしまいます。

サトル・ボディは誕生と死の種《たね》です。この種は木ほど簡単には破壊されません。その成長は膨大であり、人間の努力によってそれが探し出され、破壊されなければ、無限に成長し続けます。この成長が肉体を無限に生み出す原因となります。そのせいで、一つの存在は八百四十万種の誕生の中に生まれ変わるのです。肉体の成長が自然に止まっても、サトル・ボディの成長は止まりません。人はここでサトル・ボディの成長を止める方法を理解するために、サッドグルが必要なのです。想像と疑念のサトル・ボディの成長を止めることは、夢と欲望をあきらめることを意味します。欲望、夢、心配、想像などはマインドの産物です。それらを断ち切る作業は、自分自身のマインドでしかできません。マインドによって創造されたものは何であれ、手で破壊することはできませんし、逆に、手によって創られたものは何であれ、マインドによって破壊することはできません。こうした夢や欲望を無理に断ち切ろうとしても、その数は増えるばかりです。マインドは軽薄で無礼なものです。それを抑えようとすると、さらに大騒ぎします。ですから、マインドの成長を止めるために、サッドグルは私たちに救済を与えます。「静かにしていれば、想像や疑念は次第に消えていく」。乳幼児が眠っているとき、その目をしばらく観察していれば、静かにしている方法を簡単に学ぶことができます。眠りにつくとき、乳幼児がいかに簡単に我を忘れて、眠りに入って行くかがわかるでしょう。あなたが赤ん坊を見ている間、あなたもまた、想像も夢も欲望も心配も疑念もない「忘却」状態に入って行くことができます。

とげは別のとげを使うという方法で取ることができますが、マインドはマインドでしか壊せません。誕生と死、つまり、出現と消滅は、同じ意識状態の対極にあるものです。一方が来れば、もう一方が去ります。逆に、一方が去れば、他方が来ます。死は自ら死ぬのです。自分の頭に手を置いて自滅した悪魔バスマスラ（すべてを灰に変えるパワーを持つヒンドゥー教の中の悪魔の名前）のように。このように、マインドが壊れると、「忘却」の形をしたコーザル・ボディである状態が完全に露わになり、「忘却」と呼ばれている状態の「知」を得ます。ここでの救済策は、グルから与えられた教えを思い出して、熱心に練習したり、マントラを熱心に繰り返したりすることです。ひとたびマインドの成長を止め始めると、マインドはゆっくりと死の道を進み、徐々に完全に消滅することができます。さらにまた、サッドグルから学んだ教えを根気強く実践し続けなければなりません。たとえば、一本の樹木が枯れ始めたら、緑を保とうとしても、やがて折れ始め、ついに根こそぎ倒れてしまうことでしょう。その上に薬を塗り、ペンキを塗り、何度も何度も修復を試みても、やがて崩れ落ちるときが来るでしょう。同様に、マインドの成長を止め続ければ、いつかは自動的に疲れ果て、壊れてしまうことでしょう。しかし、求道者は修行に疲れてはいけません。

このようにして、根気強い修行によって、次の体であるコーザル・ボディが、サトル・ボディの死後に露わになります。いったん、サトル・ボディの幕が破壊されると、それはコーザル・ボディを覆うものとして機能しなくなり、コーザル・ボディは自動的に露出します。それでは今度は、コーザル・ボディがどのように死ぬのかを見てみましょう。コーザル・ボディはサトル・ボディの生産者、ないし父親です。どのような状態であれ、招かれざる者（コーザル・ボディは招かれていない）がやって来ると、それはしばらくの間体験され、いったんその洪水が引くと、それは記憶されません。来ている間、その状態は力強く成長しますが、いったん洪水が引いてしまえば、それは記憶にも残りません。しばらくの間、すべてを水没させたあと、最後には、まるでそこに何もなかったかのようになり、完全に消えてしまうのです。炎天下、灼熱の太陽の下で日に焼かれている人が、涼しい木陰に移動したその瞬間、涼しい平和の洪水が勢いよくやって来て、その人は喜びの表現として思わず「笑み」をこぼすのです。これは、平和の洪水がその人の内側からも外側からも溢れ出ていることを示しています。しかし、しばらくすると、その「笑み」は自動的に過ぎ去り、人は自分の周囲に気づくことなく、静かに横たわります。同様に、慌ただしさや葛藤のようなサトル・ボディの微妙な性質が比較的小さくなるとき、コーザル・ボディの平穏な虚空という形の「忘却」も自動的に忘れられるのです。この「忘却」状態が解消されるとき、その結果はただその存在の欠如です。この「忘却」状態を殺すには、「私は在る」("I Am")という肯定的な声明の刀は必要ありません。シュリー・サマールタ・ラムダスはこのことを、「『忘却』状態は、それ自身の解消によって非実在にされる」という声明で明確にしています。

「忘却」状態が解消されると、第四の体、トゥリーヤの状態である「知」の状態が自動的に露わになります(トゥリーヤスヴァスタ――「意識」の意識)。この「知」の状態は、何の助けによって存在にもたらされるのでしょうか？　それは「無知」の状態との関係においてもたらされます。しかし、この「知」の状態も、非常に強力ではありますが、いずれは解消されます。人が「知」を達成するとき、その「知」も解消される必要があるのです。来たものは去らなければなりません。「無知」が来るのと同じように、「知」も来ます。ですから、グレート・コーザル・ボディである「知」が死ぬと、四つの体のすべてに内在するパラブラフマンが露わになります。パラブラフマンは、四つの体すべてに内在し、けっして生まれない「それ」であり、けっして死ぬことがありません。それぞれの体が死んだあと、これらすべての体の死を眺めながら、なお「その一なるもの」は残り、それこそがあなたの本質なのです。

一人の人間の中で、カーストを経験する

クリシュナ神は『バガヴァッド・ギーター』の中で、「私は四種類のカーストを創造した」と言っています。これはどんな人間にとっても、自分自身の中で経験の対象となりえることです。彼は言います。「私の創造物は四つの部分に分かれ、これらの部分は、その質とカルマ（活動）に応じて分けられる。四つのカーストとは、バラモン（司祭）、クシャトリヤ（戦士）、ヴァイシャ（商人）、シュードラ（労働者）である」。四つの体も同じ観点で見ることができます。グレート・コーザル・ボディはバラモン（司祭）・カースト、コーザル・ボディ

はクシャトリヤ（戦士）カースト、サトル・ボディはヴァイシャ（商人）カーストであり、グロス・ボディはシュードラ（労働者）カーストです。このようにして、パラマートマンは自分自身の中でこれらの部分に分散しているのです。グロス・ボディは重く、奉仕と労働のための道具であり、それゆえシュードラ（労働者）カーストです。グロス・ボディの中でマットレスに座り、天秤を手にして、全世界の仕事を管理しているのは、知性（ブッディ）であり、物事を善と悪、大と小のように比較し、そして、「労働者」（グロス・ボディ）を使用人として雇い、自分の思いどおりに物事を進めます。なぜなら、彼は主人だからです。このため、サトル・ボディはヴァイシャ（商人）カーストです。次に、コーザル・ボディの勇敢な行動を見てみましょう。コーザル・ボディは、欲望、想像、夢、疑念という資源の力を元に蓄積された世界という形態の富のすべてを飲み込むことによって、自分の王国を確立します。それはまた、グロス・ボディとサトル・ボディの形をした下僕たちを飲み込みます。完全なる破壊という因果を生み出すのは戦士の態度であり、したがってコーザル・ボディの状態はクシャトリヤ（戦士）カーストの状態です。

今、残っているのはグレート－コーザル・ボディ（バラモン・カースト）だけです。この体の中では、他の三つの体は完全に無視されています。「私は、過酷な労働を強いられて死ぬグロス・ボディとは何の関係もない。知性の姿をして、観念や夢を取引し、世界という大パノラマを広げている商人とも何の関係もない。私はまた、グロス・ボディとサトル・ボディを殺したあと、何事もなかったかのように静かに座っているコーザル・ボディの姿をした戦士とも何の関係もない。彼らは皆、何もしないかもしれない、またはグロス・ボディには重労働で呻吟《しんぎん》させ、サトル・ボディには世間との商売をさせ、コーザル・ボディにはこれら二つの体との戦争をさせればよい。私が一体これらと何の関係があるというのか？」次の諺がありますー「自己（ラーマ）のことを考えよ。そして、世界には戦わせておけばいい」。グレート－コーザル・ボディは、このことをよく知っているので、「我はブラフマンなり（アハム・ブラフマスミ）」というヴェーダの言葉を宣言し続け、自分の地に静かに座り、バラモンとしての高い境地に達します。このブラフマナ（バラモン）は非常に正統的で、他のカーストに触れられることを非常に嫌い、他の体が触れることを許さないのです。他の体はグレート－コーザル・ボディを高く評価して尊敬し、彼の足の塵を頭に塗ります。ヴィジニャーナ（至高の知、最終的な実在）の観点からすると、このグレート－コーザル・ボディが他の体と接触することによって汚れたとしても、それは三つの世界（三つの体、「覚醒、熟睡、無知」の状態）の中で、もっとも神聖で最高のものです。

三つの世界

グロス・ボディは「物質界」（スワルガ・ローカ）であり、サトル・ボディは「誕生と死の世界」（ムリトゥ・ローカ）であり、コーザル・ボディは「冥界、冥土」（パターラ・ローカ）であり、グレートーコーザル・ボディはブラフマンです。これらの体はその性質によって分けられ、これらの世界はそれぞれの質によって知られています。グロス・ボディはスワルガ・ローカであり、他の世界の上に乗り、あるいは他の世界を覆っています。この世界では、あらゆる種類の外的な楽しみや活動が経験されます。素晴らしい庭園や美しい森は、この世界だけのために創られたものであり、ここの主宰神、創造主はブラフマー・デーヴァであり、その主な性質は活動、つまり、ラジャス・グナです。この下の世界は死と誕生の世界であり、ムリトゥ・ローカと呼ばれています。このローカでは、生と死の大きな工場があり、出現と消滅の性質が絶えず処理されています。この絶え間ないプロセスは、マインド的変化の出現（誕生）と消滅（死）に他なりません。このようにして、人は同じ一日の間に何度も生まれ、何度も死ぬのです。誰もが自分の誕生と再生の記録をつけるべきです。すべての概念は目に見える姿を生み出し、そして、その概念が沈む（死ぬ）と、外見も沈み（死に）ます。このように、概念が止まるとき、それは時代の終わり、すなわちカルパンタ（観念の最終的な解消）です。これはサトル・ボディで絶えず経験されることです。聖典の著者たちは創造と出現の原理を受け入れています。彼らは、概念が起これば世界が起こり、概念が沈めば世界が沈むと述べました。ムリトゥ・ローカという形のサトル・ボディが永久に破壊され、埋葬されないかぎり、何百もの時代が必ず興り、沈みます。したがって、人はさらに生まれる必要性がない死、自分の「本質」に生きるそういった死を遂げるべきです。そのような死に方をすれば、さらなる死の経験への恐れがなくなります。そのように死んでください。起こるべきことは起こるでしょうが、それまでは、このムリトゥ・ローカが、入国するための口を大きく開けていることは確かです。サトル・ボディの住処は「内なるマインド」であり、「アンタカラナ」、ないし「意識」です。ここの主宰神はヴィシュヌであり、彼は世界を養います（注――アンタカラナは英語に相当する言葉がなく、定義が難しいものです。シュリー・シッダラメシュヴァールは多くの講話でこの言葉を頻繁に使いました。ですから、基本的な説明が必要です。一般的には、「無形なる存在」から生じる微細な顕現の「火花」、または「発端」である「意識の座」であると考えられています。それは属性のない意識から生じる属性の運動によって特徴づけられます。それはマインド、あるいは自分の内奥のマインド、内奥のハートの源泉とも言えるでしょう。それは、客観性の起源ないし主張です。それはもっとも微細なマインドです。シュリー・シッダラメシュヴァール・マハラジはそれについて次のように述べています――すべての人の「内なるマインド」は同じですが、彼らのマインドはそれぞれ異なっています。本書の中では統一して、「内なるマインド」として訳しています)。

「内なるマインド」の「知」の下にある世界は、パターラ・ローカ（冥界、冥土）であり、それは「忘却」の形をしたコーザル・ボディです。パターラ・ローカの中には、「無知」の真っ暗闇があります。破壊者である「ルドラ」（シヴァ神）は、無知の質、すなわちタマスを持ち、ここでの主宰神です。これら三つの上にグレート－コーザル・ボディがあり、それは最高の体であり、これら三つの世界よりも高いのです。ここでの主宰神は「純粋知」です。その「知」はここを支配し、すべての神々の神です。この神からすべての世界が生み出され、その神は「三界の主」（トライロキヤナート）と呼ばれます。ブラフマナ（バラモン）はすべてのカースト（ヴァラナ）のグル（教祖）であり、それゆえカーストの中でもっとも高い地位にあります。このおかげで、彼にはマスターの地位が与えられています。このブラフマナは、「無知」の影が自分の上に落ちることを許しません。さらに、彼はマインドや知性に汚染されることさえ拒否します。ですから、彼がグロス・ボディの死体を抱くだろうという考えは放棄してください。「純粋意識」、あるいは「普遍的宇宙意識」の形をしたこの正統派の清浄なバラモンは、一人の参加者も彼のグレート－コーザル・ボディに入ることを許しません。したがって、次のように理解すべきです。これらの体、あるいはカースト（戦士／コーザル・ボディ、商人／サトル・ボディ、労働者／グロス・ボディ）は、彼の住処に入ることはできないのです。つまり、グロス・ボディとサトル・ボディは、けっしてグレート－コーザル・ボディに入ることができません。これらの体（カースト）は、このブラフマナ（原初の知――「私は在る」）の助けなしには何もできません。善行も悪行もすべて、このブラフマナの支えと力によってのみ行われます。この時、ブラフマナは住居から出て来て、これら三つのカーストの仕事を成し遂げます。その仕事が終わるとすぐに、彼は自分の体からこれら三つのカーストの痕跡を消し去り、また「自分の住まい」に戻るのです。

「自己知」を理解する

ブラフマンは「知」が豊富です。だから彼は「ヴェード・ナラヤナ」（万物に宿る神である「知」）と呼ばれるのです。彼は三つの時間（始まり、中間、終わり）をすべて知り、二つの思考の間にあるスペースであるサンディヤの特徴を持っています。彼はすべての人々から崇拝され、それゆえまた「大地の主」とも呼ばれています。あらゆるカーストや信条の人々が意識する、しないにかかわらず、この神を崇拝しています。崇拝者は、ヒンドゥー教徒、イスラム教徒、キリスト教徒、ジャイナ教徒、パーシー教徒（インドのゾロアスター教徒）、仏教徒かもしれません。彼はイラン、トルコなどなどの出身かもしれませんが、彼が誰であれ、彼はこの一なる神を崇拝します。彼はそうせずにはいられないのです。この神が空腹であるとき、あらゆる種類の食べ物や飲み物が神に捧げられます。クッション付きのマットレスが、彼が眠るための寝床として用意されます。彼が旅に出たいと思えば、車、飛行機、その他多くの交通手段が用意されています。そして、香りのよい花輪を彼に与えるために、花が咲き乱れる多くの木々やつたがあります。すべての召使いと従者は手を組み、彼に従う準備ができています。妻、子供たち、そして宮殿は、彼をもてなすためのものであり、彼の住まいでもあります。神はすべての生きとし生けるもののハートの内奥に住まわれ、ご自身のために捧げられるあらゆる種類の奉仕を受け取っています。しかし、神の偉大さと遍在性にもかかわらず、私たちは肉体を神と見なし、それにあらゆる奉仕を捧げます。無知な人々はこの間違った考えを受け入れ、すべての事柄を誤解しています。この考えこそが、神をその帰依者から引き離したのです。何を驚くことがあるでしょうか。どのような行為であれ、それは神への礼拝のため以外の理由ではありません。この大いなる神（マハーデーヴァ）は音、形、触覚、味覚、嗅覚という形で、五感のすべての対象物からのシャワーを常に楽しんでいます。そして、彼が受け取るあらゆることは、行動するための五感という道具と知の五つの道具という性質を備えています。この大いなる神、マハーデーヴァの秘密を理解する帰依者は実に栄光に輝いています。そのような帰依者の自然な行為はすべてブラフマンに捧げられています。ミツバチ、鳥、昆虫、そして蟻でさえも、この神への礼拝をおこなっています。しかしながら、彼らにはそれを理解する知性を持っていないので、彼らの無知を責めることはできません。しかし、知性のある人間が、日常的な自分の行動やその時々の行動すべてが、ただ一なる神のためであることを理解しないことは、不幸なことです。これは本当に不幸なことです。

この神は「知の王」と同じで、彼は食物を飲みこむときに、味わい、楽しみます。この神は香りと悪臭を区別します。どの音が耳に心地よく、どの音が耳障りかを理解するのは、「知の王」なのです。美しいものと獰猛で醜いものの違いを観察するのは、「知の王」なのです。柔らかい手触りか硬い手触りかを理解するのは、「知の王」なのです。「知の王」は常に存在し、すべての存在のハートに君臨しています。この一なる者以外の神を崇拝するという考えは、なんとまったく見当違いなことでしょうか。キリスト教徒がキリストを崇拝するとき、ヒンドゥー教徒がヴィシュヌやシヴァを崇拝するとき、パーシー教徒がゾロアスターを崇拝し、仏教徒が仏陀を崇拝するとき、どの神を崇拝しているか考えてみてください。彼らはこれらの神々の死体を拝んでいるだけではないでしょうか？　しかし、崇拝している信者の気持ちはどのようなものでしょうか？　どの宗教の人にも、「あなたの神について描写してください」と尋ねてみれば、彼らはこう答えるでしょう。「私の神は意識していて、堅固で、全知全能であり、遍在しています。彼はすべてを生かし、すべてを所有します。彼には誕生も死もありません」。誰か、「自分の神は石であり、岩であり、泥であり、金属であり、重く、鈍く、意識がなく、弱々しく、目が見えず、耳が聞こえません」などと言うでしょうか？

このことから、キリストであろうと、ヴィシュヌであろうと、仏陀であろうと、ゾロアスターであろうと、どんな神であろうと、その本質は「意識」に満ちていることは明らかです。そして神は、「神の資質」に満ちているのです。もし誰かがこれらの資質をすべて備えているならば、「彼」は絶対的なパラマートマンであることを示しています。「彼」は、すべての人のハートの中に存在する「知」の形をした神なのです。この神だけがムハンマドの中にも居住し、キリストのハートもまた、この唯一の神によって貫かれていました。ヴィシュヌ（守護神）の性質は、この神によってのみ維持されてきたのであって、他のいかなる神によっても維持されてきたわけではありません。どんな神を崇拝する帰依者であろうと、その崇拝は、この「唯一の内なる自己」への礼拝です。他の神々に捧げる服従は、この唯一の神（私たち自身の「自己」の本質）だけに捧げるものであり、これが「絶対的真理」です。

今まで述べたすべての神々の姿は、この「唯一の神」の神殿にすぎません。すべての名前は彼の神殿（体）に属するのです。神はこれらすべての形の内奥の領域に存在しています。彼はすべての生きとし生けるものの姿の中に坐し、すべての礼拝を受け入れます。グロス・ボディがどのような行為をおこなおうと、どのような想像や欲望、概念や疑念がマインドを横切っても、マインドはこの神のために、神を喜ばせるために起こるのです。皆さんがこれだけを認識すれば、皆さんの仕事は終わりです。あなた方は皆、肉体やマインドを通して何かをおこなっています。あなたが、「私たちはそれをやりたくない」と言っても、それを止めることはできません。しかし、何をするにしても、あなた方の行為の実行者であり、享受者は、ただ神（「自己」）なのです。この事実だけは、あらゆる動きの中で認識されなければなりません。そうすれば、すべての幸運な行為も不運な行為も、すべてブラフマンに捧げられるようになり、求道者は絶対的に自由のままです。これが「知による犠牲」（ジニャーナ・

ヤジュニャ）と呼ばれるものです。あなたが行ったり来たりするとき、話すとき、飲み込むとき、何かを与えたりもらったりするとき、立ったり座ったりするとき、家の内外で何か行動をするとき、ベッドでセックスを楽しむとき、羞恥心や行為者意識を捨て、ただ神のことだけを考えてください。それぞれの地点で、「一なる知」だけが行為しているのです。これを黙想することは、神を黙想することを意味しています。そのために身体意識は「自己意識」に変換されなければならないのです。『自己』だけがすべてをおこなっているのだという決意そのものが、解放の状態です。これがサマールタ・ラムダスからのアドバイスです。聖人トゥカラムさえ、神からのこの贈り物を求めました。「私があなたをけっしてけっして忘れませんように」。同じように、私たちもまた「自己」をけっして忘れてはならないのです。そうすればきっと救いはあなたの足元にあります。マインドという形をしたこのロープは、身体意識の方向にねじれていましたが、「自己意識」という反対方向にねじれなければなりません。ロープがほどけると、糸は風にあおられ、何もなくなってしまい、ロープと呼べるものは何も残りません。

ネジを差し込むと、反対方向に回さないと抜けなくなります。同様に身体意識に関しても、知性に導かれたマインドが「自己」に向かえば、「自己」に吸収されます。マインドは、一なる神であるラーマ神に向けられると、ラーマ神に吸収されます。マインドそのものがラーマとなり、マインドの形では、内側にも外側にもどこにも何も残らず、ラーマの姿と一体となります。このアドバイスに従えば、このことを自分の目で確かめることができるでしょう。「一なる純粋知」がどのように作用しているのかをよりよく理解するためには、家の外に出て月を見るだけでいいのです。「純粋意識」はどんな速さで、あなたの窓から月に向かって駆け出すのでしょうか？　それがどのようにほんの一瞬で空全体を覆い尽くすのか見てください。これを試してみてください。

マインドにこれほどのスピードがあるでしょうか？　マインドはこの「知」の助けによってのみ、月に気づくスピードを得たのです。マインドがどこへ行こうと、意識はすでにそこにあるのです。そのとき、マインドの運動がこの「意識」の中に固定されているように見えることは、なんと不思議なことでしょうか。あなたがまぶたを開けるだけで、「知」（意識）は無数の星々と月を含む広大な空全体に同時に浸透するのです。浸透すると言うよりも、それはすでにいつも全体に浸透していると言ったほうがよく、今、それが経験されているのです。

意識が目から月へと移動し、それが月であると認識するとき、それが対象的知識です。この例では、月が対象物であり、意識はそれが月であることを知ると同時にその形をとります。もし月の前に雲があれば、意識はその雲の形をとり、その対象物として眺められます。このように、意識は雲に浸透し、雲を一つの物体として知ります。

第6章

MAYA AND BRAHMAN

マーヤー（幻想）とブラフマン

では、対象物のない「意識の外皮」、対象物の混じらない「純粋知」に気づいてみましょう。目と月の間に横たわるその空間にあなたは気づくことはありませんでしたが、それでも空間はそこに浸透し、それ自体で存在していました。それこそが「知」の純粋な形態なのです。以前は気づかれなかった空っぽな空間が、意図的に注意の対象とされることで、それは「空間」として注意の対象となります。気づくことができるものはマーヤーであり、目に見えないものは「ブラフマン」です。月を眺めている間、その間にある空間はあなたの注意の対象とはなりませんでした。したがって、そのとき、それは対象をもたない「意識」なのです。もしこの空間が分離され、視覚の対象とされるならば、この「純粋知」は無（何もない）に変容します。なぜなら、空間が分離して見られると、マインドの変化がなくなるからです。「空間」と「純粋知」の間に違いがあるとすれば、それは次のことです――分離して、自分自身の性質を眺めることは空間であり、その「眺めること」が放棄されるとき、それは「純粋知」です。いったんこのように「純粋知」が正しく認識されれば、それがどのような物と混ざり合っていても、「純粋知」を選択し、認識することができます。いったん純粋な水が知られるなら、それが他の何かと混ざっていても、その混濁の中で、その存在を認識することができます。水は流体ですが、凝縮すると氷になります。水が流動性を失い、氷の塊になっても、氷の形をした水として認識されます。泥の中の湿り気を水と認識することは難しくありません。同様に、いったん「純粋知」が知られれば、運動しているこの世界の中で、それがサット・チット・アーナンダ（存在・意識・至福）の形態で安定して存在していることを認識することができます。

純粋な水には色も形も味も匂いもありません。このことが正しく理解されれば、水が凝縮して個体になったとしても、唐辛子を加えて辛い味になったとしても、砂糖を加えて甘い味になったとしても、香りがついたとしても、バラのような色がついたとしても、あるいは、絵の具の水として使われたとしても、それは間違いようもなく純粋な水、つまり、形、味、香り、色を除いた水として認識されます。同じ消去法によって、この「純粋知」が条件付けられたものであっても、条件付けを取り除くことによって、また形をそれぞれの要素に分割することによっても、この「純粋知」だけが、あらゆる場所であらゆる形態の中に満ちあふれている絶対的な「純粋知」として認識されることでしょう。しかし、この消去法によって「純粋知」に到達する前に、もし誰かが列挙法（神の特質を列挙すること）を受け入れ、「神だけがすべての存在と形態に浸透して、ラーマ以外には何もなく、世界と創造主は一つである」などなどとしゃべるのであれば、そのようなおしゃべりはけっして役に立ちません。この種のおしゃべりとは対照的に、今度は人がその背後に経験をもたずに、たとえば、「私はブラフマンである」とか、「感覚は仕事をするが、私は行為者ではない」とか、「私の戸口には罪も美徳もない」といった空虚な言葉だけをしゃべるなら、それは「自己」を得る代わりに、「自己」を欺くだけです。このようにして、いわゆる「自己発見者」たちは、この世の喜びもあの世の喜びも失うのです。聖人カビールは次のように言いました。「彼らはやって来た状態で、去って行く」。これは、これらの人々が生まれたときと同じ意識状態で死ぬことを意味しています。彼らはこれ以外人生から何の恩恵も得ていないのです。

そのような世俗的な学者たちは、言葉を真の「自己知」だと考えています。しかし、言葉を超えた真理が無知な人間に明かされたことがあるでしょうか？　誰もが、「感覚は感覚の仕事をしているが、私は感覚ではない」、あるいは、「マインドの資質はマインドにあり、肉体の資質は肉体にあるが、私はこれらと何の関係があるだろうか？　私はこれらとは違う」と言うことができます。だったら、これらの発言のどこが真実でないのでしょうか？　真理を理解しているのは、誰なのでしょうか？　真理を体験しているのは、誰なのでしょうか？　自分が誰であるかを知っている者だけです。このような発言は他の者にとって何の役に立つでしょうか？　人はそれぞれ自分の快楽と至福を享受します。トゥカラムは、「各自が自分のために」と言いました。オウムでさえ、「ブラフマンは真理である。この世は見かけにすぎない」という言葉を繰り返すように、教わることができます。しかし、そのオウムが、ブラフマンとは何か、世界とは何かの真理を理解した、あるいは、真理の言明が本当かどうかを理解したとは言えません。理解のないところに、「『自己知』の至福」はありえないのです。

まあ、そういった人たちはそのままにしておけばいいのです。しかし、言葉の達人でありながら、偽善者である者の例を、求道者は見習うべきではありません。根気強く学び、消去法を用いて、「純粋知」とは何かを知るようにならなければならないのです。「知」には様々な種類があります。全体知、特定の知識、想像や疑念という対象的知識、そして思考のない「知」などです。特定のタイプの知識、対象的タイプの知識、想像的で疑うタイプの知識は「純粋知」と矛盾します。「純粋意識」が視覚のプロセスを通じてある対象物の形をとるとき、人は対象的知識を得ます。それは、特定のタイプの知識であったり、想像のタイプの知識であったり、疑いのタイプの知識であったりします。もし対象物が物体であれば、それは物体に関する対象的知識です。もしそれが微妙な概念であれば、それは概念の知識、サヴィカルパです。つまり、「純粋知」が物体、概念、思考の形をとるとき、それは特定の知識として分類されます。特定の知識は人工的なものであるため、その性質上一時的のものであり、非常に短い期間しか続きません。それはその性質上一過性のものであり、不安定な性質を持っています。しかし、特定の知識は必ず全体知、「私は在る」（"I Am"）という知に戻るというルールがあります。

たとえば、私たちが歩くとき、これは一般的な速度と見なされます。速度を上げて走り出すと、それは特別な速度となります。とはいえ、どれくらい長く私たちは走れるでしょうか？　やがて走ることは止まり、すぐに自然の速度に戻ります。これと同じように、私たちは自然の状態では内部でとても愛にあふれ、至福に満ち、そしてこの自分自身への愛こそが、万人に共通する全体的な愛なのです。しかし、愛が息子や友人、家などに対するものである場合は、それは対象的で特定の種類の愛です。したがって、来た愛はまた去らなければなりません。やって来る愛は一時的で破壊可能な特定のものです。物から得られる幸福もまた、「特定の」種類に分類される幸福であり、非常に短い期間しか続きません。小さなものが「特定の」経験をもたらしますが、しかし、私たちの注意がそのことに集中している間は、それに浸透している「一なるもの」を経験することはできません。その理由は、浸透しているものは大きく無限であり、現実には私たちは、その同じ「すべてに浸透するブラフマン」だからです。「特定のもの」はマーヤーであり、全体的なもの、あるいは共通しているものはブラフマンであり、私たちは「それ」なのです。私たちが「特定のタイプ」の経験に集中しているとき、私たちは「自分自身の『自己』の愛」を経験することもなく、「至福の幸福」を享受することもありません。

ここで、物や概念がない「全体知」と呼ばれるものを観察してみましょう。外界の粗雑な対象物と目やマインドとの間には、わずかな距離があります。その空白や空間を、私たちは知らず知らずのうちに観察しているにもかかわらず、まるで見ていないかのようです。したがって、私たちはその空間についての知識や認識を持たないのです。この介在する知(空間)は「知」そのものであり、それ自身の知の対象物になることはできません。砂糖がどうしてそれ自身の甘さを味わうことができるでしょうか? 同様に、「知」はそれ自身を一つの対象物として経験することはできないのです。この「知」は、目と対象物との間にも、知性と観念や思考との間にも自然に広がっています。この全体的な「純粋知」は、それが対象物を認識したり気づいたりする前に、あらゆるところに浸透していることに注目してください。この「気づくこと」、ないし「見ること」は、「私が対象を見ている者です」とか、「私が概念を考えている者です」と言うような、対象を見ることと同じではありません。それは人が、「見ること」と、「私は見る者である」という思考の両方を放棄したときにのみ、見られるのです。見る道具は目であり、思考を知る道具は知性です。「知」そのものはこれら二つの道具をわきによけたときにはじめて、知られます。視覚と知性は、ここでは何の価値もありません。目や知性によって「純粋知」を知ろうとすることは、それらの道具の介入をゆるすことで、その「純粋知」(「私は在る」という純粋な感覚)を忘れてしまうことです。「純粋知」を本当に知るということは、それを知らないということであり、いったんこのように「知られて」しまったら、「知る者」自身が「純粋知」となります。

サマールタ・ラムダスはこう言っています。「『純粋知』に出会おうとすれば、それから離れてしまう。しかし、それと出会おうとしなくても、『純粋知』との融合は常に存在している」。このパズルは非常に難しいものです。賢者、ヨーギや世俗を放棄している人たちは、「パラマートマンは『これ』に似ている。彼には四本の手がある。彼は百万の太陽の光のようだ。光沢がある。黒い顔をしている。彼は点のようであり、彼はこのようであり、彼はあのようである」などと言うとき、見られている対象物を見る主体と誤解し、間違って解釈します。彼らは何でも好きなことを言います。「こちらのものはこのようであり、もう一つのものはあのようである」と述べているのは、誰の知識によるものでしょうか？　彼らが覚醒の偉大な事柄について語る間、「その一なるもの」は完全に忘れ去られています。しかし、見る者が忘れ去られると、見えるものはすべて「私」であり、それはブラフマンです。

人はこのことについてどう言ったらいいかわかりません。勇者はブラフマンを見つけるために旅に出ますが、見られる対象物という形の障害が邪魔をします。これが大多数の求道者の状態です。

失われた「私」を探す

巡礼中の人混みの中で、私は自分を見失い、内側を探求しようとしても、自分自身を発見できませんでした。そこで私は警察署に行き、道に迷ったことを告げました。その時、警官がやって来て、私の頬を真っ赤になるまで強く叩き、「こいつは誰だ？」と尋ねました。そのとき初めて私は自分自身を意識し、自分が見つかったことをとても喜びました。これが、自分自身がブラフマンでありながら、ブラフマンを探している者の状態そのものです。どこで、どのようにして、彼（ブラフマン）は自分自身を見つけることができるのでしょうか？彼（ブラフマン）の正確な立場とは、彼（ブラフマン）はすべての人を知っているが、誰にも知られていないようなものです。彼（ブラフマン）を知ろうとする者は、自分の本質が「純粋意識」であることを知りません。だから人は森やジャングルの中をさ迷い歩くのです（一度も失われたことがないものを探し求めるのです）。これはなんと驚くべきことでしょうか！「知る能力」が超越されたあとで初めて知られることができる者である彼（ブラフマン）は、どのように知られることができるのでしょうか？　知りたいという欲望を捨て、自分の中で安定しないかぎり、「ブラフマンの知」を得ることはできません。

睡眠とは何なのかを知りたがった愚かな男の話があります。居眠りを始めると、彼はすぐに思い出しました。「ああ、これで眠りを捕まえられる」。そう思った彼は、手を叩くと、突然完全に目が覚めてしまいました。そんなことを繰り返しているうちに、かわいそうなことに、彼は疲れてしまい、眠りを捕まえる努力を放棄しました。ブラフマンを知ろうとするのも同じことです。ブラフマンを「知ろうとする」ことをあきらめたとき、人はブラフマンそのものになるのです。グロス・ボディとサトル・ボディが否定されると、マインドと知性の道具は分解されます。そして、求道者は「忘却」状態であるコーザル・ボディの状態になります。これこそが人間の「無知」です。この「無知」を根絶するためには、「ブラフマンの知」を獲得する必要があります。それゆえ、求道者は、微細な知性と「純粋知」である意識の一部の助けを借りて、「ブラフマンの知」を得ようとします。聖人シャンカラチャリヤ（シュリー・シャンカラ）はそのような人間を「大馬鹿者」と呼んでいます。もしこのような方法で微細な知性によってブラフマンを知ろうとするならば、サトル・ボディが増大し続けるだけです。

サトル・ボディが破壊され、コーザル・ボディに至ったとき、サトル・ボディでブラフマンを知ろうとする者は、コーザル・ボディの中で安定しません。それどころか、コーザル・ボディから力を受けてサトル・ボディに押し戻され、そして再び想像や概念、欲望、疑念の支配下に置かれます。たとえ求道者が言葉やマインドを使うことによって思い描いたとしても、言葉やマインドが入り込めない場所まで進むことはけっしてできません。それどころか、より低い次元に行くことになるでしょう。ですから、求道者は求道者のままではいられず、「覚醒した者」（シッダ）にならなければならないのです。そのためには、四つの体のすべての段階を越えなければなりません。絶え間ない研鑽によって、人は四つの体の足場に入り、そして、徹底的な調査と推論によって、それらを浄化し、明らかにしなければならないのです。そうして初めて「自己の真理」が呼び起こされ、完全に確立されます。これができれば、求道者はシッダになることは確実です。

今まで本書の中で、四つの体とその研究方法について説明してきました。求道者は、これまでの説明を理解したにちがいありません。例えて言うなら、四つの体の形態をした四本の脚を持つ木製の椅子を組み立てたとしても、それはまだ非常に粗末なものです。それをきちんと輝かせるには、さらなる努力をしなければなりません。つまり、それを輝かせるためには、磨く必要があります。そうすれば、それはそれ自身の光を放つようになります。何かを組み立てるための手順は、それを磨いてきれいにし、そうやって完全に滑らかで魅力的なものにするという手順とは、まったく異なります。完成された状態に仕上げられないかぎり、それは完成品とは見なされず、適正な価格をつけることはできません。したがって、シッダになる前に、私たちはしばらくの間、求道者としてグレート・コーザル・ボディの「純粋知」を磨き続けなければならないのです。それは完全に清浄にされなければならないのです。

第7章

DEVOTION AND DEVOTION AFTER LIBERATION

解放と解放後の献身

私たちは、パラマートマンという形の「純粋知」が、あらゆる形に浸透していることを知っています。「自己」を知的に知ったあと、それを研究し、完全に覚醒するための最良の方法は、すべての人を幸せにしようとすることです。この実践だけで、「自己」はあらゆるものに浸透していることがわかります。全世界は「知」にすぎないのです。すべては「自己」ですから、すべての人を幸せにすることで、「自己」は喜びます。このようにして、ヴェーダの真理が証明され、体験され、「自己知」は確固と確立されます。形あるパラマートマン（サグナ）への崇拝は、顕在的なものへの崇拝です。ブラフマーナンダ（ブラフマンの至福）は、昆虫、蟻、犬、豚のようなあらゆる形の中に顕現しています。あらゆるものに浸透しているのは、「至高のパラマートマン」だけです。形もなく、属性もなく、顕現していないパラマートマンが、宇宙という形で特質をもって顕現しているのです。パラマートマンは不活性なものの中にも存在しますが、動いているすべての存在の中ではっきりと体験されます。石や金属の偶像のような生命のない粗大なものを崇拝する代わりに、その中で、「知」の特質が明確に体験されるもの、つまり、動き、歩き、話す神を崇拝するほうがよいのです。これがサグナ崇拝、すなわち顕現した神を崇拝することです。石の偶像にはどのような性質があるでしょうか？サットヴァ、ラジャス、タマスという三つの性質は、石や金属でできた不活性な無生物の偶像には見られません。しかし、動く神の顕現には、このような特質が一つ以上あります。ですから、すべての存在は神の形なのです。

もし人がサットヴァ・グナ（「知」と、スピリチュアルな理解への傾倒）に満ちた聖人や善良な人物に心から祈れば、その人は喜び、私たちの願いをかなえてくれることでしょう。しかし私たちがそういった聖人のタモ・グナ（怠惰と睡眠という質）を批判すれば、彼は私たちの顔を平手打ちし、私たちに衝撃を与えます。ですから、歩き、話している神を礼拝してください。知を得るためには、石は何の役にも立ちません。聖人カビールは明確な言葉でこう勧告しました。彼はすべての人に、歩き、話す神だけを礼拝するよう勧めたのです。「礼拝」という言葉が発せられるやいなや、白檀のペースト、お香、花、クムクム（インドにおいて宗教的儀礼に用いられる色粉）など、様々な礼拝用品が思い浮かぶものです。しかしながら、神を礼拝するとは、本当にすべての存在を喜ばせ、幸せにすることなのです。パラマートマンは「一なる者」であり、どこにでも存在しますが、帰依者がパラマートマンを礼拝する方法は、それぞれの条件付けや、パラマートマンをどのように考えているかによって異なります。ロバにも神が宿っていますが、もしあなたがロバの前で手を合わせて、礼拝しても、それはパラマートマンにいたずらするようなものです。ロバはそれを喜ぶでしょうか？　もしロバがそれを喜ばないなら、礼拝について今まで述べたことによれば、神の別の姿を喜ばすことに関して、ロバをこのような形で礼拝することは、本当はロバへの礼拝にはふさわしくありません。ロバに緑の草ときれいな水を与えれば、それはロバの姿の神への礼拝となることでしょう。しかし、人間の姿をした神への礼拝とは、ただ手で食べ物を捧げることではなく、その人にふさわしい方法で喜ばせることです。これがパラマートマンへの正しい礼拝です。相手が望むものを何でも与えることで、相手のハートは喜び、祝福されたと感じるのです。

蛇や蠍《さそり》も神の姿（ナラヤナ）です。しかし、それらを礼拝することは、遠くからそれらに敬意を表すことです。つまり、蛇や蠍は放っておいて、それら自身の人生を歩ませるべきだということです。そうする代わりに、もしあなたが献身的にそれらを抱擁し始めるなら、あの蛇神はあなたに噛みつき、抱擁することはそれを礼拝することにはならないことを、あなたに証明することでしょう。ここで誰かが次の疑問を投げかけるかもしれません。「蛇や蠍を生きて逃がすことが、どうしてそれらを礼拝することになるのですか？　それらは邪悪な存在であり、殺さなければなりません」と。私は彼らにこう言うことでしょう。「蛇や蠍は触られたり傷つけられたりしないかぎり、むやみに噛みつくことはありません」。しかし、人間は、たとえ蛇がかなり離れたところにいたとしても、すぐに殺そうとします。人間の性質のほうがもっと邪悪ではないでしょうか？　まったく、そのとおりです。なぜなら、人間は必要もないのに、それらを殺したいと思うからです。「蛇も蠍も私自身と同じ本質を持っている」という感覚を確固たるものにしましょう。そして、奇跡が起こるのを見てください。蛇や蠍の「自己」は石ではありません。自分の「自己」が蛇や蠍の「自己」と同じであることをしっかりと理解するようになれば、蛇の「自己」が本当にあなた自身の「自己」と一体であることがわかるでしょう。蛇や蠍の中にあなたを噛みたいという欲望も起こらなくなるでしょう。蛇を蛇として見るなら、それは具現化した人間を敵として見ることでしょう。あなたは鏡の中で自分の顔に浮かべた同じ表情を見るでしょう。もし鏡に映った自分の表情が悪いとしたら、それは鏡のせいでしょうか？　笑顔を作って鏡を見れば、鏡に笑顔を作ってくれと命令する必要はありません。なぜ泥棒が私たちの家から奪うのでしょうか？　それは、私たちもまた様々な方法で人から奪い、家を埋め尽くしたいという欲望を持ち続けているからです。私たちが完全なる放棄の気持ちを育てれば、その気持ちは、私たちの前に現れるものすべてに反映されます。たとえあなたが何も求めないとしても、人々はあなたのために自分の持っているものを山ほど差し出す用意ができています。しかし、それを懇願する者は、それを得ることはありません。

この議論から、読者は混乱してこう言うかもしれません。「マハラジ、あなたの考え方は正しいとは思えません。蛇を見たのに放っておく、あるいは、私のお金を盗んだ者を神として受け入れ、何もしないことなど、私たちにはけっしてできないことです」。まったく同感です！　私は百回も同意するでしょう！　ああ、求道者の皆さんよ、何度も何度も生まれ変わってきた習慣のせいで、それが不可能なのです。この種の礼拝を一度に達成することはできません。しかし、蠍や蛇ではなく、最初はたとえば、家の中の虫から小さい段階を踏むことができます。家の中の虫を殺さないというような些細な行動から、人は「万物の一体性（ワンネス）」を学ぶべきです。あらゆるもの、あらゆる存在の中にある「自己」の一体性を見て、そして自分がどんな驚くべき体験をするかを見てください。そうすれば、すべての存在、それが虫よりも厄介な存在であっても、その中にある「一体性」を感じるようになり、「自己信頼」と「自己経験」が増えていくでしょう。つまりそれは、「虫は殺すべきではなく、放っておけばいい」ではなく、むしろ「虫は私自身と同じ本質であり、私自身の姿なのだ。彼らの幸せは私の幸せである」という感覚であるべきなのです。母親は母乳を吸う子供を喜ばせることで、喜びを感じます。それと同じように、同じ態度で、人は自分の体から虫に血を吸わせることで満足感を感じるべきです。この考えは受け入れるのは難しいかもしれませんが、これはすべての存在との一体感を感じるための始まりであり、最初のレッスンなのです。

これを徐々に、そして根気よく学び続けることで、地上には敵がいなくなり、恐れを知らなくなります。このように、あなたはすべての恐れから解放されます。求道者があらゆる迷いから解放され、「自己知」を獲得したとき、自由になります。このことは真実ですが、とはいえ、「本当の解放の完全な栄光」をまだ体験することはできません。たとえば、富を得ることと、富を得たあとにその立場を享受することは、まったく別のものです。同様に、「すべてとの一体感」がジニャーニにやって来ないかぎり、求道者の「自己知」は発展も普及もしません。彼は富を持つケチな金持ちのようなもので、生きている間に「解放の完全な至福」を得ることはできないのです。たとえ「自己知」を得たとしても、「すべてとの一体感」を経験しないかぎり、勇敢であることは可能ではありません。「完全な至福」とは恐怖がないことです。恐れは二元性の表れです。恐れは、「解放から生じる至福」の道を阻む非常に大きな障害です。「自己知」を達成後、求道者は、今まで説明した方法でパラマートマンを礼拝しなければなりません。このようにして、乾いた「自己知」は献身で潤います。ギー（インドで使われているバター）で揚げたお菓子の一種であるジャレビは、揚げて、シロップに漬けて、初めてジューシーで甘くなります。それと同じように、ジニャーニは『自己知』

後の献身」によって、「生命の充足」を得るのです。

「サーファティ」と呼ばれるゲームでは、プレーヤーはまず低い家から高い家へと移動し、それから他の家から得たものをすべて自分の家に持ち帰ります。そうして初めてゲーム終了となります。グロス・ボディからグレート－コーザル・ボディに至るまで知識を得ることによって、この「自己知」という贈り物を、同じように下位の体に持ち帰らなければならないのです。世界は「知」以外の何ものでもないという事実の経験そのものが、「最終的な現実」（ヴィジニャーナ）となる「知」そのものになるのです。世界には「私」ではない誰かが存在するという感覚があるから、私たちは妻を、富を、所有物を他の誰かの魔の手から守らなければならないという不安感をいだいて、日夜彷徨するのです。こうして私たちは独占欲と所有欲のために、「ガスティ」と呼ばれる番人になってしまいます。しかし、すべての人との「一体感」、そして「私はどこにでも存在している」という感覚に気づくとき、私はすべてに浸透しているのです。その日「ガスティ」は「アガスティ」（インド神話にでてくる聖仙）となり、大海を一口で飲み干した賢者となります。宇宙全体を構成する五大元素であるこの海は、アガスティが一口で飲み干すというには、物足りないかもしれませんが。

これが、「自己」を知る帰依者が、肉体の中にいても恐れなくなり、「解放」と呼ばれる「完全なる祝祭」を楽しむ方法です。さて、この時点で私たちは、「自己知」と「『自己知』後の献身」について解説してきました。私たちは、求道者が「自己を知るジニャーニ」となる段階に到達しました。グレート－コーザル・ボディの「全知」の終わりは、全世界を自分自身と見なすことで実を結ぶのです。そうであるにもかかわらず、聖人ラムダスはこのグレート－コーザル・ボディの「知」は、パラマートマンのそれと比較すると、「不安定なブラフマン」と呼びました。パラマートマンは安定しています。それは「顕現したブラフマン」（サグナ・ブラフマン）とも、「四つの体と関わる不可視のブラフマン」（ニルグナ・ブラフマン）とも異なり、それは「非知」です。ですから、ヴェーダは最終的には、「ネティ、ネティ」と言ったのです。その意味とは、「これではない、これではない」ということです。「これではない」とは、「知」でも「無知」でもないという意味です。不動のパラマートマンは「唯一の真理」であり、それは「本質」です。それは移ろいゆくゆえに実体がないすべてのものの根源なのです。聖人サマールタ・ラムダスは、『ダースボド』の中でこの結論を非常にうまく説明しています。

なぜこの「知」は不安定なのでしょうか？　それは、多くの名前と、男性性、女性性、中性性といった属性が与えられているからです。それは、サット・チット・アーナンダ、イーシュワラ、アハンカーラ、シェーシャ、ナラヤナ、原初の存在、シヴァなど、様々に呼ばれています。これらは男性的な名前です。シャクティ、プラクリティ、シュルティ、シャンバヴィ、チットカクラなどとも呼ばれ、これらは女性的な名前です。またそれは、ニジャ・ルパム（自分自身の本性）、グレート－コーザル・ボディ、「純粋知」、ブラフマン、至福の帝国（アナンダヤトナム）などと呼ばれ、これらは中性的な名前です。これらの中性的名前は、この「自己知」として知られるようになりました。これらのいずれでもない「一なる者」は、安定、不動、本質、「真のブラフマン」です。「グレート－コーザル・ボディの知」の偉大な特質は、比較すれば、グロス・ボディの中の知識よりもはるかに偉大なものです。消去法によって、それは得られることができ、頂点に達したあと、それは再び混ざり合うことができます（なぜなら、それはすべてに浸透しているからです）。しかしながら、消去法のプロセスという高度の専門的知識と、再び意識的にすべてに浸透することによって、求道者はパラブラフマンの段階に達したと解釈することはできないのです。

パラブラフマンとは、誰も戻ることのできない「それ」です。「知」は「知」というラベルが貼られてきました。しかし、ブラフマンには本当は名前がありません。「私は在る」

（"I Am"）という「知」の中には、世界という形態で活動とか変化が混在しています。「チッタ」と呼ばれるマインドがこのような変化を経験するように、「知」もまた変化を経験します。変化は状態、または段階です。パラブラフマンはすべての変化を超越しています。したがって、「自己知」すなわち「私は在る」（ジニャーナ）と、絶対的なもの（ヴィジニャーナ、パラブラフマン）には、闇と光が違うのと同じだけの違いがあります。「安定したもの」と「不安定なもの」との間に接触があるところでは、知性は混乱する、とシュリー・ラムダスは言います。この言葉によれば、最後の誤解がここにあるのです（安定したものと不安定なものとの接触は、非常に微妙な二元性がまだそのまま存在していることを示しています）。

「知」（「私は在る」）が目覚める前は、「忘却」は「知」として誤解されます。同じように、ジニャーナないし「知」が発達不良のときには、「知」（「私は在る」）はパラブラフマンの「変化の不在」の最終段階であるヴィジニャーナと誤解されます。求道者が「自己知」、すなわち「私は在る」（ジニャーナ）を、パラブラフマンの「無変化」の最後の段階であるヴィジニャーナと誤解するとき、求道者の進歩はそこで止まってしまいます。サマールタ・ラムダスは、このような未発達のジニャーニを、夢の中で目覚め、自分は目覚めたと思っている人に例えます。しかし、彼はまだいびきをかいているのです！　シュリー・サマールタは、「あなたはこれが目覚めだと思っているが、あなたの幻想はまだ消えていない」と、このタイプのジニャーニに警告を与えます。グロス・ボディとサトル・ボディが、グレート－コーザル・ボディ、すなわちトゥリーヤの状態の中では夢のように、グレート－コーザル・ボディ自体がヴィジニャーナにおける夢のようなものなのです。「無知」の中には束縛があり、「知」には解放があります。しかし、「無知」と「知」の両方が存在しないとき、束縛や解放という観念が存在しえるでしょうか？

ヴェーダや聖典は、グレート－コーザル・ボディの地点まで語ります。そこまでは、それは大前提、つまり理論です。グレート－コーザル・ボディを超えた「知」の分野では、証明された最終結論、すなわちシッダーンタがあり、そこでは、それまでに敷設されたものすべてが無効です。すべての現象が破壊されるとき、ないし根絶されるとき、そのときに残るものが何であれ、それがあなたの「本質」です。それを言葉で表現することは不可能です。「言葉の知識」が「無知」であることが証明されるところ、意識は非意識になるところ、そして、聖典が勧めるすべての治療法が妨げにしかならないところ、そこでその最高の地点にどのように到達するかは、あなたた自身の目で見てください。サッドグルはあなたを入り口まで連れて来て、中に押し込みました。しかし、サッドグルはその美しさや内部のパノラマを見せることはできません。あなたは自分自身でその宝物、トロフィーをつかまなければならないのです。さて、以上ここまで述べてきたあとでは、言葉で伝えられることは何もありません。言葉は、伝えるべきことが何であれ、そのために使われました。言葉では伝えられないものは、今、皆さんに託されたのです。私たちは、あなたが志を持つように励ますことしかできませんが、しかし、あなたは自分自身でシッダにならなければならないのです。私たちは本書の終わりにきました。言葉は冗長です。最後に、ただ一つ、ここにはっきりと表明されていることがあります。それはサッドグル・バジャナ（サッドグルに対するすべての称賛）です。

ハリ・オーム・タット・サット（Hari Om Tat Sat）
（主よ、あなただけが実在です）

訳者あとがき

本書は、日本でスピリチュアルに関心をもっている人たちの中で、ここ20年ほど有名になったインドのアドヴァイタ（非二元）の賢者、ニサルガダッタ・マハラジ（1897～1981）の師であるシュリー・シッダラメシュヴァール・マハラジ（1888～1936）の講話をまとめた本である。

私がシュリー・シッダラメシュヴァール・マハラジの教えを読んだのは本書が最初で、今までほとんど彼のことを知らなかった。本書を読んで、彼のユーモアあふれる語り口と科学的態度、そして、写真の中で少年のように微笑んでいる彼の表情に好感を感じた。

本書の序文によれば、師の死後、シッダラメシュヴァール・マハラジは他の弟子たちと一緒に、師の教えを広める旅に出た。その旅の途中、師の教えを伝えることに関して、彼に一つの疑問が湧き起こった。その彼の疑問とは、「師の教えを伝えるために、瞑想以外の方法はないのだろうか？　瞑想は非常に多くの努力と時間を要する。自分の本質に目覚めるという目的に到達する、もっと早い道はないのだろうか？」というものだった。その疑問を仲間の弟子たちに伝えたところ、仲間からは強い反発を受けたので、旅の途中で仲間たちと別れ、一人で瞑想と探究を続けた。

そして彼自身、究極の覚醒を得たあと、瞑想に加えて、「鳥の方法」、つまり、自分自身を論理的に調査・考察する方法を弟子たちに教え始めた。「鳥の方法」と呼ばれるのは、それが時間がかからない方法であるからで、それに対して、従来の瞑想を中心とする方法は、「蟻の方法」と呼ばれている。本書では、シッダラメシュヴァール・マハラジが「鳥の方法」と呼んでいるその方法が詳細に語られている。

その方法とは、失われた「私」を発見するために、まずグロス・ボディ（肉体）から始めて、サトル・ボディ、コーザル・ボディ、グレート－コーザル・ボディ（トゥリーヤ）と順番にゆっくりと階段を上るように、各ボディ（体）を詳細に論理的に調査・考察し、最後には「私」の本質であるパラブラフマンに至る道筋を明らかにする、というものだ。

読者の皆さんの中には今までに、こういった目に見えないボディ（体）などに関する秘教的知識について、読んだことがある人もいるかもしれない。本書を読むさいは、いったんは今までの知識をわきにおいて、新な気持ちで本書を読むことをお勧めしたい。なぜかと言えば、目に見えないボディ（体）の区分、そしてそれらの役割などについては、それぞれの教えの文化的地域的背景、そして、その教えの目的によってかなり説明が異なるからだ。他の教えと説明が違うことに混乱すると、本書の説明の理解が困難になる可能性がある。

それからもう一つ、本書を読むさいに、読者の皆さんに注意していただくといいと思うことは次のことだ。それは、各ボディ（体）の詳細な話を読むとき、それを単に知識として知ることだけではなく、自分の中で、それぞれのボディ（体）の活動を感じたり、確認したりすることが、肝要だということである。

短い本なので、読むだけだったら、さっと読んで、各ボディ（体）に関する秘教的知識を簡単に得ることができると思う。しかし、ボディに関する秘教的知識を得ることが本書の目的ではない。本書の目的は、本書の締めくくりにシッダラメシュヴァール・マハラジ自身が次のように述べている。

「ヴェーダや聖典は、グレート・コーザル・ボディの地点まで語ります。そこまでは、それは大前提、つまり理論です。グレート・コーザル・ボディを超えた『知』の分野では、証明された最終結論、すなわちシッダーンタがあり、そこでは、それまでに敷設されたものすべてが無効です。すべての現象が破壊されるとき、ないし根絶されるとき、そのときに残るものが何であれ、それがあなたの『本質』です。それを言葉で表現することは不可能です。『言葉の知識』が『無知』であることが証明されるところ、意識は非意識になるところ、そして、聖典が勧めるすべての治療法が妨げにしかならないところ、そこでその最高の地点にどのように到達するかは、あなた自身の目で見てください。サッドグルはあなたを入り口まで連れて来て、中に押し込みました。しかし、サッドグルはその美しさや内部のパノラマを見せることはできません。あなたは自分自身でその宝物、トロフィーをつかまなければならないのです」

アドバイタ（非二元）の探究者である私たちが、肉体が生きている間に、最高のトロフィーを得ることができますように。

最後に、本書の講話は、20世紀初頭のインド文化という時代背景の中で語られているので、現代の男女平等の観点から見れば、男尊女卑的に感じられる表現もあることは、ご寛容いただければと思う。

本書を翻訳するにあたり、ナチュラルスピリット社の今井社長と編集をご担当いただきました西島恵さんには、大変お世話になりました。心からお礼を申し上げます。

二〇二五年一月　髙木悠鼓

訳者プロフィール

髙木 悠鼓（たかき ゆうこ）

1953年生まれ。
大学卒業後、教育関係の仕事、出版業をへて、現在は翻訳・作家・シンプル道コンサルティング業を営みながら、「私とは本当に何かを見る」会などを主宰する。著書に、『楽しいお金』、『人をめぐる冒険』、『動物園から神の王国へ』、『シンプル道の日々』、『仕方ない私（上・下）』（以上アマゾン・キンドル版）、訳書に、『存在し、存在しない、それが答えだ』、『頭がない男―ダグラス・ハーディングの人生と哲学』、『何でもないものがあらゆるものである』、『意識は語る―ラメッシ・バルセカールとの対話』、『意識に先立って―ニサルガダッタ・マハラジとの対話』、『ニサルガダッタ・マハラジが指し示したもの』、『ハートの静寂』、『スピリチュアル・ヒーリングの本質』、『静寂の雷鳴』（以上ナチュラルスピリット）などがある。

シンプル堂サイト
https://www.simple-dou.com/

個人ブログ「シンプル道の日々」
https://simple-dou.asablo.jp/blog

「頭がない方法」サイト
https://www.ne.jp/asahi/headless/joy

YouTube「シンプル堂」
https://www.youtube.com/@simpledou

自己覚醒へのマスター・キー

●

2025年3月27日　初版発行

著者／シュリー・シッダラメシュヴァール・マハラジ
訳者／髙木悠鼓

装幀／細谷 毅
編集／西島 恵
DTP／鈴木 学

発行者／今井博揮
発行所／株式会社 ナチュラルスピリット
〒101-0051 東京都千代田区神田神保町3-2 高橋ビル2階
TEL 03-6450-5938　FAX 03-6450-5978
info@naturalspirit.co.jp
https://www.naturalspirit.co.jp/

印刷所／中央精版印刷株式会社

ISBN978-4-86451-508-5 C0010